プログラミング英語検定
公式テキスト

プログラミング
英語教本

Programming English Textbook

西野 竜太郎 著

グローバリゼーションデザイン研究所

はじめに

プログラミング英語とは

プログラミング英語とは、アプリなどのプログラミングで接する英語を指します。

たとえば、プログラミング中にメソッドの使い方を知りたいときはAPIリファレンスを読みます。他人が書いたソースコード内のコメントを読むこともあります。それがもし英語で書かれていれば、プログラミング英語です。あるいは、作ったアプリを他人に使ってもらうために簡単なマニュアルを書くこともあります。もし英語で書いたとしたら、それもプログラミング英語です。

プログラミング英語を学ぶ意義

プログラミングで接するドキュメントの少なからぬ量が英語で書かれています。コンピューターやソフトウェアの発展の中心がアメリカである点が大きな理由です。そのため、プログラミングのスキルを高めようとするならば、英語力も向上させる必要があります。

現在は機械翻訳の質が向上しつつあるため、機械翻訳を使えば英語力は不要だと考える人がいるかもしれません。しかしうまく翻訳できず、元の英文を読まなければならないケースは多々あります。さらに、たとえば英単語から作った関数名（例：parseInt()）や変数名（例：allow_user_access）は機械翻訳できません。英語として読んで理解するしかないのです。

プログラミングをしようとするならば、英語は避けて通れない関門です。裏返して言うと、英語を習得できれば大きなアドバンテージになります。

本書で学べること

本書では、プログラミング英語のリーディングを中心に学べます。またライティングにも少し触れています。

いわゆる英語の4技能としては、ほかにリスニングとスピーキングがあります。プログラマーであれば、新技術紹介の英語ビデオを視聴したり、海外カンファレンスに出かけて会話したりするケースはあります。しかし読み書きに比べると接する機会は少ないでしょう。そのため本書では、リスニングとスピーキングは対象外としています。

本書ではリーディングに注力していますが、そのリーディング力を高めるために語彙（英単語）の増強を重視しています。語彙は英語を読むための基礎です。もちろん語彙だけ知っていても英語は完璧に読めませんし書けません。しかし語彙を多く知っていれば、辞書を引く手間が省けますし、前述のように関数名や変数名を読んで理解したり、うまく命名したりできます。

対象読者

高校在学～卒業程度の英語力を持っていて、プログラミングを学んでいる学生（専門学校や大学など）や、プログラミングを仕事にしている社会人（新人～経験数年程度）を想定しています。

本書の構成

本書は大きく2つの部で構成されています。

第1部：ドキュメント・タイプ別解説

第1部では、プログラミングで接する機会が多いドキュメント・タイプについて解説しています。具体的には以下の4種類を1章ずつ取り上げています。

- ソースコード
- APIリファレンス
- マニュアル／ヘルプ（使用許諾契約も含む）
- ユーザー・インターフェイス（UI）

第2部：プログラミング必須英単語

続く第2部では、覚えておくべき英単語を解説しています。語彙は英語を読み書きするための基礎であり、語彙力増強はプログラミング英語力の向上に欠かせません。

具体的には「プログラミング必須英単語600+」に掲載の英単語を紹介します。このうちプログラミング英語検定の語彙問題の出題範囲である「ベーシック300」と「アドバンスト300」については例文を見せながら解説します。

プログラミング英語検定について

本書は「プログラミング英語検定」の公式学習用書籍（テキスト）でもあります。

プログラミング英語検定は、プログラミングで求められる英語力を測定して認定する試験です。ベーシックおよびアドバンストという2つのレベルで構成されています。

詳細は同検定のウェブサイト（https://progeigo.org/）をご覧ください。

本書使用上のご注意

- 本書の正誤表は、出版元ウェブサイトをご覧ください。
    - https://globalization.co.jp/
- 記載されたURLは執筆時点のものであるため、変更されていることがあります。
- 本書内に記載された会社名や製品名などは、登録商標または商標であることがあります。本書内では®などのマークは記載していません。
- 本書の記述内容は正確であるよう努めていますが、著者および出版社は何らかの保証をするものではなく、本書の内容によって生じる直接的または間接的な損害について責任を負いかねます。

目次

第1部
ドキュメント・タイプ別解説

プログラミングで接する機会が多いドキュメント・タイプが何種類かあります。そのうち第1部では4種類のドキュメント・タイプについて、1章ずつ解説します。

- 第1章：ソースコード
- 第2章：APIリファレンス
- 第3章：マニュアル／ヘルプ
    - 使用許諾契約も含む
- 第4章：ユーザー・インターフェイス（UI）

また各章は以下の流れで書かれています。

サンプルと解説

まず実際に使われているサンプル英文を提示します。これを読んでみましょう。ただし手を加えていない生の英語なので、読めない部分が多々あるはずです。生の英文に触れることで、現実の英語レベルを把握してみてください。

その後、サンプル英文の解説をします。最初に語彙と表現を説明し、次に読解のポイントを解説し、最後にサンプル英文の和訳（第1章除く）を提示します。

なお「ベーシック300」、「アドバンスト300」、「前提英単語100」という表記は、すべて「プログラミング必須英単語600+」における分類です。そのうちベーシック300は Ba 、アドバンスト300は Ad のアイコンで示します。

英語の特徴

その章のドキュメント・タイプの言語的特徴を解説します。特有の単語や表現も併せて紹介します。もしドキュメント・タイプの特徴をまず知りたければ、サンプル英文をとばしてこちらから読んでも構いません。

残念ながら、本書を一読しただけでプログラミング英語をスラスラ読み書きできるようにはなりません。ある程度の量を我慢強く読み、慣れる必要があります。そのとき、この「英語の特徴」を理解しておけば、苦手意識を軽減して読み進められるはずです。

例題

「プログラミング英語検定」の形式による例題を各章20問ずつ出しています。例題を解くことで、さらに学習を深めると同時に、自分の英語力も把握できます。

第1章 ソースコード

ソースコードには英語がよく登場します。何かしら意味のある言葉の大部分は英語と言ってもよいでしょう。ifやstringなどプログラミング言語の予約語やキーワードも英語として読むことも可能ですが、ここではソースコード作成者が書いた英語を対象にします。

なお、よく使われるプログラミング言語の予約語やキーワードは第7章の末尾にまとめてあります。

1-1. ソースコードで使われる英語

ソースコード内で使われる代表的な英語としては、以下が挙げられます。

- 名前（識別子）
    - 関数名
    - 変数名
    - 定数名
    - クラス名
    - メソッド名
    - フィールド名
    - その他（モジュール名、パッケージ名など）
- コメント
    - ドキュメント生成用コメントも含む

さらに、バージョン管理システムにソースコードを保存する際は「コミット・メッセージ」と呼ばれる文言を書くことがあります。

これらの種類の英語について、まずいくつかサンプルを挙げます。実際に読んでみましょう。

1-2. サンプルと解説

1-2-1. JavaScript（Chart.js）

Chart.jsはグラフを描画するためのJavaScriptライブラリーです。その中のcore.tooltip.jsというファイルには、以下のソースコードが書かれています。

```
/**
 * AGet the size of the ①tooltip
 */
function BgetTooltipSize(tooltip, model) {
        var Cctx = tooltip._chart.ctx;

        var ②height = model.yPadding * 2; // DTooltip ③Padding
        var width = 0;

        // E④Count of all lines in the body
        var body = model.body;
        var FcombinedBodyLength = body.reduce(function(count, bodyItem) {
                return count + bodyItem.before.length +
bodyItem.lines.length + bodyItem.after.length;
        }, 0);
        combinedBodyLength += model.beforeBody.length +
model.afterBody.length;
```

（取得元[1]）

語彙・表現解説

サンプル内の語彙や表現を解説します。丸数字（例：①）の順となります。

① tooltip［名詞］ツールチップ

- マウスのポインターを近づけたときに表示され、説明が書かれている小さな枠のこと

② height［名詞］高さ Ba

- 高さを意味する変数名

③ padding［名詞］パディング Ad
- パディングは内側の余白のこと

④ count［名詞］数 Ba

ポイント解説

サンプル内のポイントをいくつか解説します。四角付きアルファベット（例：A）の順となります。

A コメント： Get the size ～

関数全体について説明しています。「ツールチップのサイズを取得」という意味です。

B 関数名： getTooltipSize

ツールチップのサイズを取得する関数です。名前がget（取得する）で始まる関数は、何かしらのデータを取得して返すことが多いです。またパラメーター（仮引数）はtooltipとmodelです。

C 変数名： ctx

context（コンテキスト、文脈）を省略して命名したと思われます。

D コメント： Tooltip Padding

すぐ左側のコードを説明しています。「ツールチップのパディング」という意味です。

E コメント： Count of all ～

直後のコードを説明しており、ツールチップの「本文の全行数」という意味です。lineは「行」、bodyは「本文」のことです（共に前提英単語100）。

F 変数名： combinedBodyLength

「本文長さの合計」という意味です。combineは「結合する」です。

1-2-2. Python（Django）

DjangoはWebアプリケーション用のフレームワークです。そのうちストレージを扱うStorageクラスの一部を抜粋します。特に「"""」で囲まれたり、「#」で始まったりするコメント部分に注目して読んでみましょう。

```
class Storage:
  """
  AA ①base storage class, providing some default behaviors that all other
  storage systems can ②inherit or ③override, ④as necessary.
  """

  <中略>

  def Bget_available_name(self, name, Cmax_length=None):
      """
      DReturn a filename that's ⑤free on the ⑥target storage system and
      available for new ⑦content to be written to.
      """
      dir_name, file_name = os.path.split(name)
      Efile_root, file_ext = os.path.splitext(file_name)
      # FIf the filename already exists, ⑧generate an ⑨alternative
filename
      # until it doesn't exist.
      # ⑩Truncate original name if required, so the new filename does not
      # ⑪exceed the max_length.
      while self.exists(name) or (max_length and len(name) > max_length):
          # Gfile_ext includes the dot.
          name = os.path.join(dir_name,
self.get_alternative_name(file_root, file_ext))
          if max_length is None:
              continue
          # HTruncate file_root if max_length exceeded.
          truncation = len(name) - max_length
          if truncation > 0:
              file_root = file_root[:-truncation]
              # IEntire file_root was truncated in ⑫attempt to find an
available filename.
              if not file_root:
                  raise SuspiciousFileOperation(
                    'Storage can not find an available filename for "%s". '
                    'Please make sure that the corresponding file field '
                    'allows sufficient "max_length".' % name
                  )
              name = os.path.join(dir_name,
self.get_alternative_name(file_root, file_ext))
      return name
```

（取得元2）

語彙・表現解説

サンプル内の語彙や表現の解説です。丸数字（例：①）の部分です。

① base［名詞］基底

- ベーシック300ではbased（形容詞：ベースの、～に基づく）が掲載

② inherit［動詞］継承する

③ override［動詞］オーバーライドする Ba

④ as necessary

- 「必要に応じて」という意味

⑤ free［形容詞］使われていない、空きの（空き容量など）

- 一般英語では「自由」や「無料」が思い浮かぶが、プログラミングでは上記の意味もよく用いられる

⑥ target［名詞］対象、ターゲット Ba

⑦ content［名詞］情報、内容 Ba

- ここでは音楽や映画などのコンテンツというより、情報や内容のこと

⑧ generate［動詞］生成する Ba

⑨ alternative［形容詞］代替の Ba

⑩ truncate［動詞］切って短くする

⑪ exceed［動詞］（数が）超える

⑫ attempt［名詞］試み

- 「in an attempt to ～」（通常はanが入る）で「～しようとして」という意味

ポイント解説

サンプル内のポイント解説です。四角付きアルファベット（例：A）の部分です。

A コメント： A base storage class, ～

クラス全体の説明です。Pythonではクラス名やメソッド名（関数名）の直後に引用符を3つ（"""）並べてコメントを記述すると、APIリファレンスのようなドキュメント生成で使われる文字列（Docstring）となります。

日本語にすると「基底のストレージ・クラスで、デフォルトの動作をいくつか備えている。そういった動作は、必要に応じてほかのすべてのストレージ・システムで継承やオーバーライドできる」となります。

B メソッド名： get_available_name

利用可能な名前を取得するメソッドです。前述のように、getが最初に付くメソッドは、何かデータを取得して返すことが多いと言えます。

C 変数名： max_length

「最大の長さ」が入る変数です。maxはmaximumの略です。

D コメント： Return a filename ～

メソッドの説明です。Aと同様にDocstringです。

「対象となるストレージ・システムで使われておらず、新しい情報の書き込み先として利用できるファイル名を返す」という意味です。

E 変数名： file_root, file_ext

rootはファイル名の基礎部分（拡張子より前）を指します。またextはextension（拡張子）の略だと推測できます。

F コメント： If the filename already exists, ～

直後の処理内容を説明しています。

日本語にすると「ファイル名がすでに存在する場合、存在しなくなるまで別のファイル名を生成。必要な場合は元の名前を切って短くし、新しいファイル名がmax_lengthを超えないようにする」となります。

G コメント： file_ext includes the dot.

「file_extにはドット（ピリオド）が含まれる」という意味で、ファイル名を生成する際に、拡張子のピリオドは書き加える必要がない点を注意しています。実際、Pythonのos.path.splitext()は、ピリオドが入った拡張子を返します。

H コメント： Truncate file_root if ～

直後の処理を説明しています。「max_lengthを超える場合、file_rootを切って短くする」という意味になります。

I コメント： Entire file_root was truncated ～

その段階での状況を説明しており、「利用できるファイル名を探そうとし、file_root全体が短く切られた」という意味です。

1-2-3. Java（Jenkins）

Jenkinsは継続的インテグレーション用のJavaアプリケーションです。その中にUrlValidator.javaというURLを検証するファイルがあり、以下のソースコードが書かれています。

```
/**
 * AIf no ①schemes are provided, ②default to this set.
 */
private static final String[] BDEFAULT_SCHEMES
    = {"http", "https", "ftp"}; // CMust be ③lower-case
```

（取得元3）

語彙・表現解説

サンプル内の語彙や表現の解説です。丸数字（例：①）の部分です。

① scheme［名詞］スキーム
- URLにあるhttpなどプロトコル名の部分のこと

② default to ～
- 「～がデフォルトになる」。ここでdefaultは動詞

③ lower-case［名詞］小文字
- 「lower case」とも。反意語はupper-case（大文字）。また「case-sensitive」は「大文字と小文字を区別する」という意味の形容詞。caseはベーシック300

ポイント解説

サンプル内のポイント解説です。四角付きアルファベット（例：A）の部分です。

A コメント： If no schemes are provided, ～

「もしスキームが渡されなければ、この一式がデフォルトとなる」という意味です。

B 定数名： DEFAULT_SCHEMES

デフォルトのスキームが入ります。要素が複数ある配列のため、schemesと複数形が用いられています。

C コメント： Must be lower-case

「小文字でなければならない」の意味です。

1-2-4. コミット・メッセージ（Flask）

ソースコードのバージョン管理システム（Gitなど）では、ソースコードの変更内容を説明する「コミット・メッセージ」が書かれます。変更の概要を把握するのに便利です。ここでは「Flask」のGitHubページを例にします。

app.py	Remove comment about extension backwards compat
blueprints.py	Merge branch '1.0.x'
cli.py	rewrite the development server docs
config.py	Update `versionadded` for `Config.from_file`
ctx.py	Fix typo in pop documentation

表示されているテキストは以下のとおりです。

app.py	**A** Remove comment about ①extension backwards ②compat
blueprints.py	**B** ③Merge branch '1.0.x'
cli.py	**C** ④rewrite the development server ⑤docs
config.py	**D** ⑥Update 'versionadded' for 'Config.from_file'
ctx.py	**E** ⑦Fix ⑧typo in pop documentation

（取得元[4]）

語彙・表現解説

サンプル内の語彙や表現の解説です。

① extension［名詞］拡張（機能） **Ad**

② compat［名詞］互換性（compatibilityの省略） **Ad**

- 「backwards（通常はbackward）compatibility」で「後方互換性」を指す

③ merge［動詞］マージする、統合する **Ba**

④ rewrite［動詞］書き直す

⑤ docs

- documentsの省略

⑥ update［動詞］更新する Ba

⑦ fix［動詞］修正する Ba

⑧ typo［名詞］入力ミス、タイポ Ad

ポイント解説

サンプル内のポイント解説です。四角付きアルファベット（例：A）の部分です。

A Remove comment about ～

「拡張機能の後方互換性に関するコメントを削除」です。

後述しますが、コミット・メッセージでは「Remove ～」のように動詞から書き始めるのが一般的です。

B Merge branch '1.0.x'

「ブランチ『1.0.x』をマージ」です。「Merge branch ～」はマージした際にGitで自動的に生成されるメッセージで、よく見かけます。

C rewrite the development server docs

「開発サーバーのドキュメントを書き直し」です。文頭が小文字になっていますが、本来は大文字が望ましいでしょう。

D Update 'versionadded' for 'Config.from_file'

「Config.from_fileのversionadded情報を更新」です。versionaddedはPythonドキュメント独自の記号で、機能などが追加されたバージョンを表します。なおConfig.from_fileは「Configクラスのfrom_fileメソッド」のことです。

E Fix typo in pop documentation

「popメソッドのドキュメントで入力ミスを修正」という意味です。

1-3. ソースコード英語の特徴（1） ー 名前

ソースコードで用いられる英語のうち、読んだり書いたりする機会が多いものの特徴について解説します。まずは名前（識別子）です。最初に関数名とメソッド名、続いて変数名を取り上げます。

1-3-1. 関数名とメソッド名の特徴

まず関数名とメソッド名で用いられる英語の特徴です。

動詞が多い

関数やメソッドでは何らかの処理を実行するため、その名前にも動作を表す動詞が多く用いられます。

Chart.js（1-2-1）のサンプルにも「getTooltipSize()」や「get_available_name()」があり、動詞getが用いられています。

もちろんすべて動詞というわけではありませんが、関数名やメソッド名によく利用される動詞を知っておくと、ソースコードを読むときも書くときも効率が上がります。

動詞を使った例をいくつか見てみましょう。

動詞のみ

まずは動詞のみを使ったシンプルな名前です。

名前	予想される動作
add()	追加する
clear()	消去する
load()	読み込む

動詞との組み合わせ

動詞を中心として語を組み合わせて作る名前もよく見られます。上記の動詞が入った例を見てみましょう。

名前	予想される動作	注
addAll()	すべてを追加する	addは動詞、allは目的語

名前	予想される動作	注
add_error_message()	エラー・メッセージを追加する	addは動詞、error messageは目的語
clearCache()	キャッシュを消去する	clearは動詞、cacheは目的語
load_from_config_file()	構成ファイルから読み込む	loadは動詞、from以下は補語

ここから分かるように、「動詞＋目的語（名詞）」という形の名前はよく見られるパターンです。何か（目的語）に対して何らかの処理（動詞）をする関係です。

オブジェクト指向プログラミングでオブジェクト自体が目的語になっている場合は、動詞のみで表現されることもあります。たとえば「cache.clear()」です。

ブール値を返す名前

ブール値（trueとfalse）を返す関数やメソッドでは名前にis、has、canといった動詞や助動詞が使われることがあります。

名前	予想される動作
isEmpty()	空かどうかを返す
has_next()	次の項目があるかどうかを返す
canSave()	保存できるかどうかを返す

頻出動詞70

関数名やメソッド名で使われる動詞のうち、単独でよく登場するものを70個挙げます。初歩的な単語もあれば、IT分野でしか見かけない単語もあります。知らない単語がないか確かめてみましょう。collect（集める）、evaluate（評価する）、reverse（逆にする）の3つ以外は「プログラミング必須英単語600+」に入っており、意味は第5〜7章で確認してください。

accept Ba	add	append Ad	apply Ba	bind Ad
build	call	check	cleanup Ad	clear Ba
close	collect	compare	configure Ad	connect Ba
contains Ba	convert Ad	copy	create	delete Ba
describe	destroy Ba	disable Ad	enable Ad	encode Ad

equals Ba	evaluate	execute Ad	exists Ba	fail Ba
filter Ba	find	format Ba	get	handle Ad
init	invoke Ad	list	load Ad	log Ba
login Ba	match	merge Ba	open	parse Ad
populate Ad	post	print Ba	process Ba	put
read	register Ad	remove Ba	render Ad	reset Ba
resolve Ad	reverse	run	save Ba	send
serialize Ad	set	start	stop	test
update Ba	validate	verify Ad	visit Ad	write

上記のうち、contains、equals、existsは三人称単数現在形（sが付く）になっていますが、この形で使われる例が多くなっています。initはinitializeのことで、略語の形でよく出現します。

対の単語

70個のうち、対で用いられることがある単語がいくつかあります。まとめて覚えておくと便利です。丸かっこ内は70個に入っていない単語です。

- add ↔ remove
- connect ↔ （disconnect）
- create ↔ delete、destroy
- get ↔ put、set
- enable ↔ disable
- encode ↔ （decode）
- open ↔ close
- register ↔ （unregister）
- serialize ↔ （deserialize）
- start ↔ stop

動詞以外の語

関数名やメソッド名にはよく動詞が用いられますが、動詞以外も使われます。例をいくつか見てみましょう。

名詞

名前	予想される動作
value()	値を返す
length()	長さを返す
parent()	親を返す
success()	成功したかどうかを返す

形容詞

名前	予想される動作
next()、previous()	前または後の要素を返す
min()、max()	最小または最大を返す
finished()	終了したかどうかを返す
empty()	空かどうかを返す

前置詞

名前	予想される動作
before()	前に追加する、前であるかどうかを返す
after()	後に追加する、後であるかどうかを返す
toString()	文字列型に変換する
to_json()	JSON形式に変換する

このように、動詞以外を使って関数やメソッドが命名されることもあります。

1-3-2. 変数名の特徴

続いて変数名の特徴を解説します。ここでは変数としていますが、定数、クラス、フィールドなどの名前を読んだり書いたりする際も参考になるはずです。

名詞が多い

変数には何かしらのデータやオブジェクトを入れるので、それを示す名詞がよく用いられます。

前述のサンプルを見ると、height（高さ）、combinedBodyLength（本文長さの合計）、max_length（最大の長さ）などはすべて名詞（または名詞句）です。

略語が用いられる

そういった名詞は省略されて書かれるケースがよくあります。何の略であるかを把握できないと、プログラムで何をしているかが理解できない恐れがあります。

そこで、変数名でよく見かける略語30個を挙げてみます。retvalを除き、すべてプログラミング必須英単語600+の「略語70」（第7章参照）に掲載されています。retvalは「return value」（またはreturned value）のことで、戻り値や返り値を指します。

app	args	attrs	cmd	config
conn	db	dest	diff	env
err	fn	info	msg	obj
ops	opts	params	pos	props
ref	req	res	resp	ret
retval	spec	src	tmp	val

頻出名詞70

関数名やメソッド名では動詞を70個紹介しました。ここでは変数でよく用いられる名詞の単語を70個紹介します。すべてプログラミング必須英単語600+に掲載されているので、意味は第5〜7章を参照してください。

ただし、ここで紹介するのはすべて単語で、実際には「max_length」のように、複数の語を組み合わせて変数名にするケースが多い点に留意してください。

action	attribute Ba	body	child	client Ba
code Ba	command Ba	connection Ba	container Ba	content Ba
context Ba	count Ba	data Ba	description	element Ba
error Ba	exception Ba	field Ba	file Ba	host Ba
id	index Ba	instance Ba	item Ba	key
length Ba	line	location Ba	log Ba	map Ad
match	message	method Ba	mode Ba	model
module Ba	name	node Ba	option Ba	output Ba

parameter Ba	parent	password	path Ba	port Ba
prefix Ad	property Ba	query Ba	request Ba	resource Ba
response Ba	result Ba	root Ba	rule	server Ba
session Ad	size	source Ba	state Ba	status Ba
tag Ba	target Ba	test	timeout Ba	type Ba
uri	user	username Ad	value Ba	version Ba

複数形に注意

この頻出名詞70のうち、attribute、child、item、option、parameter、property、tagは複数形で使われるケースも目立ちます。複数形の場合、配列のように要素が複数が入る変数なのではないかと想像できます。日本語では名詞の単数と複数を区別しないため、英単語が単数形であっても複数形であってもあまり気にしないかもしれません。しかし単数か複数かは重要な情報です。変数名を読む際も書く際も、単数形か複数形かについては注意を払いましょう。

名詞以外の語

変数名には名詞がよく使われるものの、名詞以外の語ももちろん登場します。いくつか例を見てみます。

名前	品詞	予想される中身
after	前置詞	処理した後のデータ
changed	形容詞	変更されたかどうかのブール値
current	形容詞	何かしらの現在の情報
done	形容詞	完了したかどうかのブール値
found	形容詞	検索結果／見つかったどうかのブール値
required	形容詞	要求されているかどうかのブール値

また、ループ内では「i」や「j」といった1文字の変数が慣習的に用いられます。

1-3-3. プログラミング言語別の命名慣習

各プログラミング言語には、関数や変数などを命名する際の慣習が存在します。直接英語に関係するわけではありませんが、読み書きする際の手がかりになります。

開発者によく参照されている資料にグーグル社のスタイルガイド[5]があり、複数のプログラミング言語が掲載されています。ここでは例として、JavaとPythonの命名方法を一部だけ比較してみます。

たとえば「ClassName」は、最初の単語（Class）を大文字で書き始め、次の単語（Name）を大文字で続けると読みます。同様に「method_name」は、最初の単語（method）は小文字で書き始め、単語の区切れ目にアンダースコア（_）を使い、次の単語（name）を続けると読みます。

名前	Java	Python
クラス	ClassName	ClassName
メソッド	methodName	method_name
定数	CONSTANT_NAME	CONSTANT_NAME
ローカル変数	localVariableName	local_variable_name

このようにプログラミング言語（あるいはプロジェクト）によって命名慣習が異なることがあります。

【コラム】命名の仕方

関数や変数の命名については、英語ネイティブであっても悩んでいます。そのためプログラマー向け書籍では命名の仕方について何章も割いて解説しているほどです。有名な書籍としては『Code Complete』（和訳タイトルも同じ）[6]や『The Art of Readable Code』（和訳タイトルは『リーダブルコード』）[7]があります。また日本の雑誌で名前付けの特集が組まれたこともあります[8]。

どの資料も、よい名前を付けるためのコツや考え方を紹介しています。たとえば『The Art of Readable Code』には以下のようなポイントが記載されています（一部のみ紹介）。

- 名前に情報を詰め込む
    - 具体的な名前を付ける
    - 重要な詳細情報を加える。たとえばミリ秒が入る変数なら末尾に「_ms」を追加
- 誤解されない名前を付ける
    - is、has、can、shouldなどを付けるとブール値であるとはっきりする

  - ブール値に否定語を使わない。たとえばdisable_sslではなくenable_ssl

命名方法について踏み込んで学んでみたい方は、こういった資料を参考にしてください。

1-4. ソースコード英語の特徴（2） — コメント

続いてコメントに書かれる英語の特徴を見てみましょう。

1-4-1. コメントの特徴

種類や目的で書き方が違う

『Code Complete』の第32章によると、コメントは以下の6つに分類できるそうです[6]。

- コードの内容の単なる繰り返し
- コードについての説明
- コード内の目印（未実装部分などプログラマー自身のメモ）
- コード内容の要約
- コードの意図の説明
- コードでは表現できない情報（著作権情報、バージョン番号など）

また同書では、コメントには対象範囲の「レベル」がいくつかあるともしています。たとえば行レベル、変数宣言レベル、制御構造レベル、ルーチン（関数など）レベル、ファイル・レベルなどです。実際、Chart.js（1-2-1）のサンプルを見ると、関数レベルで「Get the size of the tooltip」、変数宣言レベルで「Tooltip Padding」というコメントが書かれています。

さらにDjango（1-2-2）のコメントには、ドキュメント生成を目的としたコメント（Docstring）も見られました。

このように「コメント」と一口に言っても、さまざまな種類やレベルがあり、目的も異なります。変数内容のメモであれば短い言葉で書かれるかもしれませんし、多人数が読むようなドキュメント生成を目的としていれば、きちんとした長い文章で書かれるかもしれません。コメントを読む際は、何に関するコメントであるのかを意識しながら読むようにしましょう。

省略が発生

学校の英文法では、基本的に文は「主部」と「述部」で構成され、主部の中心が主語（名詞）、述部の中心が動詞だと習います。しかし現実には主語などの「省略」が発生します。省略とは、完全な文としては必要であるが、意味上や文脈上は省いても理解できる要素が省かれることです。コメントではこの省略が頻繁に発生します。

たとえばDjango（1-2-2）のサンプルに挙げた以下のコメントの文です。

> Return a filename that's free on the target storage system and available for new content to be written to.

この文はreturnという動詞で始まっていますが、命令文ではありません。文頭にあるはずの主語が省略されています。省略された主語は「This function (will)」あたりでしょう。主語が省略されていますが読者は困りません。というのも、この文は直後の関数についての説明であるため、「This function (will)」あたりが省略されていると文脈から推測できるからです。

同様に、Jenkins（1-2-3）のサンプルにある以下の短いコメントでも主語が省略されています。

> Must be lower-case

こちらは定数に入る文字について説明しているため、省略されている主語は「Characters」や「Strings」あたりではないかと文脈から推測できます。

このように、コメントでは省略が発生することがあります。省略されるのは主語であるケースが多いですが、冠詞、動詞、目的語などの場合もあります。たとえばReactというJavaScriptライブラリーには以下のコメントがあります[9]。

コメント	コメントの意味	省略されている要素
Currently valid.	現在設定が有効であると明示	冒頭で「This setting is」などの主語と動詞が省略
Remove from the list	リストから項目を削除	Removeの後に「an item」や「an entry」といった目的語が省略

もし不完全な文のコメントを見かけたら、省略が発生しているのではないかと疑ってみてください。書き手は文脈から推測できるだろうと考えて省略しています。何かの語が省略されていたら、文脈を考慮して想像するようにしましょう。

逆に言うと、コメントを英語で書く際も、何が省略されているのかが明白であれば省いても構わないということになります。むしろ関数の戻り値の説明（例：「Return ～」や「Returns ～」）などでは主語を省くのは一般的であるため、読み手は読みやすいと感じるかもしれません。

1-4-2. 頻出する表現

前述のようにコメントはさまざまな目的で書かれる上に、省略も頻発するため、定型の表現パターンはそれほど多くはありません。ここではいくつかに分類して頻出表現を挙げてみます。省略が頻繁に発生している点にも注意してください。

義務／禁止

何かをすべき、あるいはすべきでないという表現です。shouldやneedといった単語が中心となります。

例	日本語
You should consider using the to_string() function.	to_string()関数の使用を検討すべき。
Needs to be changed	変更が必要
You should not use this method directly.	このメソッドを直接使うべきではない。

確認／確実

何かを確認したり確実にしたりする際の表現です。check、make sure、ensureといった言葉が用いられます。

例	日本語
Check if the attribute exists.	属性が存在するかどうか確認。
First make sure that each item is processed only once.	最初に、各要素が一度だけ処理されることを確認する。
Ensure the key is set	キーが設定されていることを確実に

戻り値

関数などの戻り値に関するコメントです。returnという単語が使われます。

例	日本語
Returns true if this URL is valid.	このURLが有効であればtrueを返す。
This method will return a list of exceptions.	このメソッドは例外のリストを返します。

1-4-3. 目印が使われる

コメントの種類を示す目印が使われることがあります。よく見かけるのは「TODO」で、今後するべき作業を表します。以下の例では「今後、フォームの妥当性確認を追加する」というコメントで使われています。

```
// TODO: Add validation check for a form.
```

このTODOも含め、見かけることのある目印をまとめて紹介します。

目印	意味
TODO:	今後すべきこと
FIXME:	修正が必要（「fix me」なので「私を修正して」）
HACK:	一時回避策や緊急回避策（もっと上手な対応が必要）
NOTE:	注意
IMPORTANT:	重要
WARNING:	警告

なお『The Art of Readable Code』の第5章では、「XXX」（危険。大きな問題あり）という目印も挙げています。

【コラム】コメントの書き方

関数や変数の命名と同様、コメントの書き方でも英語ネイティブは悩んでいます。前に挙げた『The Art of Readable Code』でも『Code Complete』でもコメントの書き方が解説されています。詳しく知りたい方は参考にしてみてください。

ただし『Code Complete』の第32章では、コメントよりも良いプログラミング・スタイル（良いプログラム構造、良い変数名や関数名など）が重要であると述べています。また『The Art of Readable Code』の第5章では、ソースコードからすぐ読み取れる内容はコメントしないともしています。つまり、大前提としてプログラムをきちんと書くことが大事だと言えるでしょう。

1-5. ソースコード英語の特徴（3） ― コミット・メッセージ

最後にコミット・メッセージで書かれる英語の特徴を紹介します。

1-5-1. コミット・メッセージの特徴

主語を省いて動詞で始まる

サンプルのコミット・メッセージ（1-2-4）を見ると、すべてが動詞から始まっています。たとえば一番上にある文です。

```
Remove comment about extension backwards compat
```

これはコメントの特徴でも挙げた「省略」で、主語が省かれています。文脈から推測して、省略されているのは「This commit (will)」あたりであると想像できます。つまり主語を補うと「This commit will remove comment about extension backwards compat.」（このコミットは、拡張機能の後方互換性に関するコメントを削除します）となります。

サンプルではすべて動詞の原形（例：Remove）から始まっていますが、開発プロジェクト（リポジトリー）によっては三人称単数現在形（例：Removes）や過去形（例：Removed）が使われることがあります。そのプロジェクトの文化や慣習で書き方が異なります。

使われる動詞はある程度決まっている

コミット・メッセージでは、ソースコードの追加、削除、変更などを知らせます。そのためメッセージ内容はある程度限定されており、使われる動詞も決まっています。そこで、本セクションではGitHub上で頻出する動詞を20個挙げます。読む際も書く際も、これらを知っておくと効率は上がるはずです。なお「don't」を除き、すべてプログラミング必須英単語600+に掲載されています。

語	意味	例文	訳
add	追加する	Add unit tests for whitespace in function	関数内にある空白のユニット・テストを追加
allow Ba	可能にする	Allow user to change password.	ユーザーがパスワードの変更を可能に。
bump Ad	バージョンを上げる	Bump to version 0.0.9	バージョンを0.0.9に
change	変更する	Changed the layout of main screen	メイン画面のレイアウトを変更した
clean	きれいにする	Clean up bugs in search.py	search.pyのバグをきれいに
don't	～しない	Don't use global variables	グローバル変数を使用しない
ensure Ad	確実にする、確かめる	Ensure usernames start with a letter	ユーザー名がアルファベットで始まることを確実化
fix Ba	修正する	Fixed invalid URL.	無効なURLを修正した。
implement Ad	実装する	Implements support for live preview.	ライブ・プレビューのサポートを実装。
improve	改善する	Improved documentation comments	ドキュメントのコメントを改善した
make	作成する、～にする	Make installation faster.	インストールを高速化。
merge Ba	マージする	Merge branch 'dev' into 'master'	ブランチ'dev'を'master'にマージ
move	移動する	Moved image files to the right directory.	画像ファイルを正しいディレクトリーに移動した。

語	意味	例文	訳
refactor Ba	リファクタリングする、リファクターする	Refactored Cache class	Cacheクラスをリファクタリングした
remove Ba	削除する	Remove unused imports.	使っていないインポートを削除。
rename Ba	名前を変更する	Rename MYDIR to MY_DIR	MYDIRをMY_DIRに名前変更
revert Ad	戻す	Revert "Use MIT license"	「MITライセンスを使用」を戻す
update Ba	更新する	Updates thumbnails	サムネイルを更新
upgrade Ba	アップグレードする	Upgrade parser to v1.8	パーサーをv1.8にアップグレード
use	使う	Use MIT license	MITライセンスを使用

このうちmergeやrevertはバージョン管理システムで自動的に生成されるメッセージなので、プログラマーが自分で書く機会は少ないかもしれません。

たまに動詞以外の言葉が使われることもあります。たとえば「more」（さらに～、もっと～）です。「More docs for downloadFile method」というメッセージは「downloadFileメソッドのドキュメントをさらに作成」といった意味になります。

1-6. 例題

ソースコードに関する例題です。プログラミング英語検定の出題形式になっています。「語彙」、「読解／文法」、「英作文」のカテゴリー別で、ベーシックとアドバンストの2レベルに分かれています。

語彙

ベーシック

【1】ソースコードのコメントに次の記述があった。下線の英語に対応する日本語として最も適切なのはどれか？

// Delete a specific video file by name.

A. 科学的な　B. 特定の　C. 標準的な　D. 不要な

【2】ソースコードのコメントに次の記述があった。下線の英語に対応する日本語として最も適切なのはどれか？

// 3D shapes are not supported

A. 形状　B. 体積　C. 投影　D. ペン

【3】コミット・メッセージに次の記述があった。下線の英語に対応する日本語として最も適切なのはどれか？

Rename local variables to camel case

A. 交換する　B. 更新する　C. 名前を変更する　D. 描画する

【4】ソースコードのコメントに次の記述があった。下線の日本語に対応する英語として最も適切なのはどれか？

// 送信元のIPアドレスを記録

A. back　B. destination　C. original　D. source

アドバンスト

【5】コミット・メッセージに次の記述があった。下線の英語に対応する日本語として最も適切なのはどれか？

Revert "Upgrade to myView.js 2.5.3."

A. 回避する　B. 確定する　C. 再開する　D. 戻す

【6】ソースコードのコメントに次の記述があった。下線の日本語に対応する英語として最も適切なのはどれか？

// TODO: このメソッドはJSON形式も読み込めるよう修正する必要がある

A. modify　B. publish　C. refresh　D. rewrite

【7】ソースコードのコメントに次の記述があった。(ア)に入る英語として最も適切なのはどれか？

// This source code is licensed under the (ア) of the MIT License.

A. groups　B. laws　C. researches　D. terms

読解／文法

ベーシック

【8】ソースコードに次の関数があった。名前から何をすると想像できるか、最も適切なものを選べ。

```
applyCategoryFilter()
```

A. カテゴリー・フィルターをアプリ化する
B. カテゴリー・フィルターを交換する
C. カテゴリー・フィルターを提供する
D. カテゴリー・フィルターを適用する

【9】ソースコードに次のメソッドがあった。名前から何をすると想像できるか、最も適切なものを選べ。

```
process_once()
```

A. 以前のプロセスを使用する
B. 一度だけ処理する
C. 一度でも処理したかどうかを返す
D. 指定のプロセス番号を実行する

【10】ソースコードに次の定数があった。名前から何が入ると想像できるか、最も適切なものを選べ。

```
DEFAULT_FILE_LOCATION
```

A. デフォルトの検索場所
B. デフォルトのファイル位置
C. デフォルトのファイル環境
D. ファイルの保護場所

【11】ソースコードに次の変数があった。名前から何が入ると想像できるか、最も適切なものを選べ。

```
connection_is_closed
```

A. 接続が閉じられているかどうか

B. 送信が完了したかどうか

C. 送信済みメールの一覧

D. 閉鎖された場所かどうか

【12】ソースコードに次の変数があった。名前から何が入ると想像できるか、最も適切なものを選べ。

```
currentLineLength
```

A. 現在の行の高さ

B. 現在の行の長さ

C. 電源ケーブルの価格

D. 電源ケーブルの長さ

【13】ソースコードに次のコメントがあった。この内容について最も適切なものを選べ。

```
// Return true if the executable exists.
```

A. 実行可能な状態であればtrueを返す

B. 実行可能ファイルが存在すればtrueを返す

C. 実行済みの履歴が存在すればtrueを返す

D. 退出が実行できればtrueを返す

アドバンスト

【14】ソースコードに次の関数があった。名前から何をすると想像できるか、最も適切なものを選べ。

```
validate_password()
```

A. パスワードを確定する

B. パスワードを検証する

C. パスワードを変更する

D. パスワードを無効化する

【15】ソースコードに次の変数があった。名前から何が入ると想像できるか、最も適切なものを選べ。

```
transition_duration_milliseconds
```

A. ミリ秒単位での遷移期間

B. ミリ秒単位での変換期間

C. 数ミリ秒以内に翻訳が終わったかどうか

D. 数ミリ秒以内に移動が終わったかどうか

【16】ソースコードに次のコメントがあった。この内容について最も適切なものを選べ。

```
// Maintained for backward compatibility.
```

A. 後方互換性のために維持されている

B. 互換性がないので維持はできない

C. 後ほどバックアップの維持管理をする

D. 不完全なバックアップで誤作動が起きている

【17】次のソースコードは、Atomというテキスト・エディターのクリップボードに関するreadWithMetadataメソッド部分である（JavaScript）。コメント部分の(ア)〜(エ)に入る英語として最も適切なのは、候補のうちそれぞれどれか？ ただし文頭に入る語も小文字としてある。また各単語は1回のみ選べるものとする。

```
// Public: (ア) the text from the clipboard and return (イ) the text and the
// associated metadata.
//
// Returns an {Object} with the (ウ) keys:
// * `text` The {String} clipboard text.
// * `metadata` The metadata stored by an (エ) call to {::write}.

readWithMetadata() {
  const text = this.read();
  if (this.signatureForMetadata === this.md5(text)) {
    return { text, metadata: this.metadata };
  } else {
    return { text };
  }
}
```

（取得元**10**）

both　earlier　either　following　read　write

英作文（アドバンストのみ）

【18】ある関数説明のコメントを英語で書きたい。日本語に合うよう、(ア)〜(カ)に入る適切な英単語を選んで英文を作れ。ただし文頭に入る語も小文字としてある。また各単語は1回のみ選べるものとする。

// 与えられたアカウントIDが有効であればtrue、そうでなければfalseを返す。

// (ア) (イ) if the (ウ) (エ) ID is (オ), false (カ).

account	active	generated	given
otherwise	returns	so	true

【19】関数の名前を付けたい。次の働きをする関数の場合、最も妥当そうな名前はどれか？

配列をJSON形式に変換する

A. array_json_convert()

B. convert_array_to_json()

C. extend_array_to_json()

D. extract_list_to_json()

【20】変数の名前を付けたい。次の内容を入れる変数の場合、最も妥当そうな名前はどれか？

連絡先の最大数

A. longest_call_size

B. max_number_of_contacts

C. max_number_of_calls

D. min_contact_size

解答

正解とその解説です。

【1】B. 特定の

specificはベーシック300に含まれる「特定の」という形容詞。また「by name」は「名前で」という意味。

【2】A. 形状

shapeはベーシック300に含まれる「形状」という名詞。

【3】C. 名前を変更する

renameはベーシック300に含まれる「名前を変更する」という動詞。「camel case」（キャメル・ケース）は、「myClass」のように区切れ目の次の単語の先頭を大文字で書く記述方法。

【4】D. source

sourceはベーシック300に含まれる「ソース」や「～元（送信元など）」という名詞。送信元IPアドレスは「source IP address」となる。反対に、送信先IPアドレスは「destination IP address」。なおbackは「後ろ」、destination（アドバンスト300）は「目的地」や「～先（移動先）」、originalは「最初の」や「元の」を表す。

【5】D. 戻す

revertはアドバンスト300に含まれる「戻す」という動詞。バージョン管理システム（Git）の自動生成メッセージでよく見られる単語。

【6】A. modify

modifyはアドバンスト300に含まれる「修正する」、「変更する」という意味の動詞。なおpublish（ベーシック300）は「公開する」、refresh（アドバンスト300）は「更新する」、rewriteは「書き直す」のこと。

【7】D. terms

termsはアドバンスト300に含まれる「利用条件」という意味の名詞。この意味ではtermsと複数形が一般的である点に注意。なおgroupは「グループ」、lawは「法律」、researchは「研究」のこと。

【8】D. カテゴリー・フィルターを適用する

applyは「適用する」という動詞（ベーシック300）。動詞（apply）＋目的語（category filter）という形になっている。

【9】B. 一度だけ処理する

processは動詞で「処理する」、名詞で「プロセス」や「処理」の意味（ベーシック300）。onceは「一度（一回）」や「かつて」という意味の副詞。関数やメソッドは動詞が中心となることが多く、ここでもprocessを動詞「処理する」で解釈。

【10】B. デフォルトのファイル位置

locationは名詞で「位置」や「場所」のこと（ベーシック300）。またdefaultは「デフォルトの」という形容詞（同じくベーシック300）。

【11】A. 接続が閉じられているかどうか

ブール値（trueかfalse）が入る変数。そういった変数では、問題文のように動詞の過去分詞（closed）や形容詞（openなど）がよく使われる。

【12】B. 現在の行の長さ

currentは形容詞で「現在の」、lengthは名詞で「長さ」の意味（共にベーシック300）。

【13】B. 実行可能ファイルが存在すればtrueを返す

戻り値に関するコメント。executableは形容詞で「実行可能な」、名詞で「実行可能ファイル」のこと（アドバンスト300）。-ableで終わっていても名詞である点に注意。

【14】B. パスワードを検証する

validateは動詞で、「検証する」や「（妥当性を）確認する」という意味（アドバンスト300）。関数名は「動詞＋目的語」という形式になっている。

【15】A. ミリ秒単位での遷移期間

transitionは名詞で「遷移」、durationは名詞で「期間」の意味（共にアドバンスト300）。変数の末尾に単位（問題文ならミリ秒）を付けて、変数に情報を加えることがある。

【16】A. 後方互換性のために維持されている

compatibilityは名詞で「互換性」の意味（アドバンスト300）。またbackward compatibilityで「後方（下位）互換性」という用語になる。

【17】（ア）read、（イ）both、（ウ）following、（エ）earlier

コメント部分を和訳すると以下のようになる。下線部分が解答。

```
// Public:クリップボードからテキストを(ア)読み取り、テキストおよび関連メタデータの(イ)両方を返す。
//
// (ウ)次のキーとともに{Object}を返す:
// * `text` {String}のクリップボード・テキスト。
// * `metadata` (エ)以前の{::write}の呼び出しで保存されたメタデータ。
```

選択肢解説：

- ア：readWithMetadataというメソッド名から何をするのかを読み取ると分かる。主語が省略され、動詞から始まっている。

- イ：直後の名詞「the text」と「the associated metadata」がandで結ばれているため、bothが適当。
- ウ：followingは、リストの導入でよく使われる表現。
- エ：直前の不定冠詞がanであるため、母音で始まる言葉だと推測できる。

【18】（ア）returns、（イ）true、（ウ）given、（エ）account、（オ）active、（カ）otherwise

選択肢解説：

- ア：関数やメソッドの説明は主語を省いて動詞から始めることが多い。日本語「返す」に対応する動詞はreturns。
- イ：returnsの目的語となる言葉。日本語からtrueが適当。
- ウ：「与えられた」という意味の形容詞はgiven。
- エ：直後が「ID」であるため、日本語からaccountが適当。
- オ：「有効な」という意味の英単語はactive（アドバンスト300）。
- カ：otherwiseは「そうでなければ」や「さもないと」という意味の副詞（アドバンスト300）。「True if ～, false otherwise」（～ならtrue、そうでなければfalse）はブール値を返す関数やメソッドの説明でよく見られる表現。

【19】B. convert_array_to_json()

「配列」はarray（ベーシック300）、「変換する」はconvert（アドバンスト300）。なお、extendは「拡張する」（アドバンスト300）、extractは「抽出する」（アドバンスト300）のこと。「array_json_convert()」は意味自体は伝わるかもしれないが、「動詞＋目的語」という英語の構文になっている「convert_array_to_json()」の方がより妥当である。

【20】B. max_number_of_contacts

「連絡先」という名詞は「contact」（アドバンスト300で、複数の場合はcontacts）。なおcallは名詞で「通話」や「呼び出し」という意味。「最大」はmaximum（略してmax）で、「最小」がminimum（略してmin）。また「number of ～」で「～の数」を表す。これに形容詞のmaximum（max）が付くと、「～の最大数」（maximum number of ～）という意味になる。

注

1：https://github.com/chartjs/Chart.js/blob/master/src/core/core.tooltip.js （MITライセンスに基づき利用。2019-11-20参照）
2：https://github.com/django/django/blob/master/django/core/files/storage.py （Djangoのライセンスに基づき利用。2019-11-20参照）
3：https://github.com/jenkinsci/jenkins/blob/master/core/src/main/java/jenkins/org/apache/commons/validator/routines/UrlValidator.java （MITライセンスに基づき利用。2019-12-04参照）
4：https://github.com/pallets/flask/tree/master/src/flask （Flaskのライセンスに基づき利用。2019-12-02参照）
5：https://github.com/google/styleguide （2019-12-07参照）
6：『Code Complete, Second Edition』（Steve McConnell著、Microsoft Press、2004年）。和訳書は『Code Complete 第2版 上下 ― 完全なプログラミングを目指して』（日経BPソフトプレス、2005年）。
7：『The Art of Readable Code』（Dustin Boswell & Trevor Foucher著、O'Reilly Media、2011年）。和訳書は『リーダブルコード ― より良いコードを書くためのシンプルで実践的なテクニック』（Dustin Boswell & Trevor Foucher著、角征典訳、オライリー・ジャパン、2012年）。
8：「特集：名前付け大全」（『WEB+DB PRESS』Vol. 110、pp. 9-36、技術評論社、2019年）
9：https://github.com/facebook/react MITライセンスに基づき利用。2019-12-09参照）
10：https://github.com/atom/atom/blob/master/src/clipboard.js （MITライセンスに基づき利用。2019-12-11参照）

第2章 APIリファレンス

APIリファレンスの「API」は、Application Programming Interface（アプリケーションのプログラミングで使うインターフェイス）の頭字語です。また「リファレンス」とは、辞書や辞典のような参照用資料のことです。要するにプログラミングをする際に参照する資料を指します。場合によっては「APIドキュメント」や「APIガイド」、あるいは単に「リファレンス」（レファレンスという表記も）や「ドキュメント」などと呼ばれることもあります。

記載されている内容は、クラス、メソッド、関数などの使い方です。

では実際のAPIリファレンスのサンプルをいくつか読んでみましょう。

2-1. サンプルと解説

2-1-1. Android（Java）

AndroidアプリでデータベースのSQLiteを使う際のAPIリファレンスです。SQLiteCursorというクラスの説明、概要（サマリー）、さらにコンストラクターとメソッドの部分を抜粋しています。

Ⓐpublic class SQLiteCursor
extends AbstractWindowedCursor

＜中略＞

ⒷA Cursor ①implementation that ②exposes results from a query on a **SQLiteDatabase**.
SQLiteCursor is not internally ③synchronized so code using a SQLiteCursor from

multiple threads should perform its own synchronization when using the SQLiteCursor.

C Summary

<中略>

Public constructors
<中略>
`SQLiteCursor(SQLiteCursorDriver driver, String editTable, SQLiteQuery query)` **D** Execute a query and provide access to its result set through a Cursor interface.

Public methods	
<中略>	
`int`	`getColumnIndex(String columnName)` **D** Returns the ④zero-based index for the ⑤given column name, or -1 if the column doesn't exist.

E Public constructors

<中略>

F SQLiteCursor   Added in API level 11

public SQLiteCursor (SQLiteCursorDriver driver,
    String editTable,
    SQLiteQuery query)

Execute a query and provide access to its result set through a Cursor interface. For a query such as: `SELECT name, birth, phone FROM myTable WHERE ... LIMIT 1,20 ORDER BY...` the column names (name, birth, phone) would be in the projection argument and everything from FROM ⑥onward would be in the params argument.

G Parameters	
`driver`	SQLiteCursorDriver

editTable	String: the name of the table used for this query
query	SQLiteQuery: the SQLiteQuery object ⑦associated with this cursor object.

H Public methods

<中略>

I getColumnIndex　　Added in API level 1

```
public int getColumnIndex (String columnName)
```

Returns the zero-based index for the given column name, or -1 if the column doesn't exist. If you expect the column to exist use getColumnIndexOrThrow(java.lang.String) instead, ⑧which will make the error more clear.

Parameters	
columnName	String: the name of the ⑨target column.

J Returns	
int	the zero-based column index for the given column name, or -1 if the column name does not exist.

<後略>

（取得元[1]）

語彙・表現解説

サンプル内の語彙や表現を解説します。丸数字（例：①）の順となります。

- ① implementation［名詞］実装（実装クラス） Ad
- ② expose［動詞］提供する、公開する
  - 一般英語では「暴露する」も
- ③ synchronize［動詞］同期する Ad
- ④ zero-based［形容詞］ゼロベースの（0から始まるという意味）

⑤ given［形容詞］（引数で）渡された、与えられた

⑥ onward［副詞］先へ

- 「from ～ onward」で、「～以降」という意味

⑦ associate［動詞］関連づける Ad

⑧ which

- 関係代名詞のwhichは「, which」（カンマ＋which）という形で用いられる場合、情報を補足するのに使われる。文法用語で言うと「非制限用法」

⑨ target［名詞］対象 Ba

ポイント解説

サンプル内のポイントをいくつか解説します。四角付きアルファベット（例：A）の順となります。

A クラス名

このAPIリファレンスはJava言語用です。こういったオブジェクト指向のプログラミングの場合、リファレンスはよくクラス単位で書かれます。なおextendsは「継承」を示すキーワードです。

B クラス全体の説明

このクラスが何であるのか、簡潔に説明しています。

C コンストラクターやメソッドの概要

このクラスにどのようなコンストラクターやメソッドなどが含まれているのか、最初に全体像を示しています。

見出しとして「Public constructors」と「Public methods」があることが分かります。実際には定数やフィールドなどもありますが、ここでは省略しています。

D コンストラクターやメソッドの内容解説

「Execute a query …」や「Returns the zero-based index …」と動詞から始まっています。主語の「省略」が発生しています。省略とは、完全な文としては必要であるものの、文脈上は省いても理解できる要素が省かれる現象です。クラスやメソッドの説明をしている状況なので、何が主語であるか読者が分かるため省かれています。省くことによって簡潔に表現し、求める情報を見つけやすくしています。主語を補うと「This class will execute a query …」や「This method returns the zero-based index …」といった形になります。

なお動詞は原形（execute）と三人称単数現在形（returns）が混じっています。どちらが正しいかというルールはないので、本来はプロジェクト内で統一することが望ましいでしょう。ただしここでは統一は図られていないようです（人間が書くものなのでよくあります）。

E publicコンストラクターの見出し

全体像（概要）が示された後、詳しい説明に入っています。まずはpublicコンストラクターの詳細です。「SQLiteCursor」というコンストラクターが含まれています。

F SQLiteCursorコンストラクターの見出し

SQLiteCursorコンストラクターの見出しです。コンストラクター、そのパラメーター（driverなど）と型（SQLiteCursorDriverなど）、コンストラクターの説明（Execute a query …）が順に記載されています。

G パラメーターの一覧

パラメーターが表形式で一覧になっています。コンストラクターに渡す引数の内容を詳しく説明しています。たとえば2行目の「editTable」では「このクエリーで使うテーブル名」を「String型」で渡すのだと分かります。

H publicメソッドの見出し

こちらもコンストラクターと同様、全体像が示された後での詳しい説明です。「getColumnIndex」というメソッドが含まれています。

I getColumnIndexメソッドの見出し

getColumnIndexメソッドの見出しです。メソッド、そのパラメーター（columnName）と型（String）、メソッドの説明、パラメーター、戻り値の順に書かれています。

J getColumnIndexメソッドの戻り値

メソッドの戻り値が詳しく説明されています。渡されたカラム名のインデックス（0から開始）で、カラム名が存在しなければ「-1」が戻されます。型はintです。

和訳

サンプルの和訳です。

public class SQLiteCursor
extends AbstractWindowedCursor

＜中略＞

カーソルの実装クラスで、**SQLiteDatabase**に対するクエリーから得られた結果を提供する。SQLiteCursorは内部で同期されていないので、複数のスレッドからSQLiteCursorを使うコードの場合、SQLiteCursor利用時には独自の同期処理をすることが求められる。

概要

＜中略＞

Publicコンストラクター
＜中略＞
SQLiteCursor(SQLiteCursorDriver driver, String editTable, SQLiteQuery query) クエリーを実行し、その結果セットをCursorインターフェイスで利用できるようにする。

Publicメソッド	
＜中略＞	
int	**getColumnIndex(String columnName)** 渡されたカラム名のインデックス（0から開始）を、カラムが存在しなければ-1を返す。

Publicコンストラクター

＜中略＞

SQLiteCursor　　APIレベル11で追加

public SQLiteCursor (SQLiteCursorDriver driver,
　　String editTable,
　　SQLiteQuery query)

クエリーを実行し、その結果セットをCursorインターフェイスで利用できるようにする。たとえば「**SELECT name, birth, phone FROM myTable WHERE ...**

`LIMIT 1,20 ORDER BY...`」というクエリーの場合、カラム名（name, birth, phone）はprojectionの引数に入り、FROM以降のすべてはparamsの引数に入る。

パラメーター	
`driver`	SQLiteCursorDriver
`editTable`	String: このクエリーで使うテーブルの名前
`query`	SQLiteQuery: このカーソル・オブジェクトと関連づけられているSQLiteQueryオブジェクト。

Publicメソッド

＜中略＞

getColumnIndex　APIレベル1で追加

`public int getColumnIndex (String columnName)`

渡されたカラム名のインデックス（0から開始）を、カラムが存在しなければ-1を返す。もしカラムが存在すると考える場合、getColumnIndexOrThrow(java.lang.String)を代わりに使う。すると、エラーがさらに明確になる。

パラメーター	
`columnName`	String：対象となるカラムの名前。

Returns	
`int`	渡されたカラム名に対応するカラムのインデックス（ゼロベース）。カラム名が存在しない場合は-1。

＜後略＞

2-1-2. jQuery UI（JavaScript）

ウェブサイトのユーザー・インターフェイスを作るためのJavaScriptライブラリーであるjQuery UIのAPIリファレンスです。日付選択のウィジェット「DatePicker」に関する説明から一部を抜粋しています。

A Datepicker Widget

B Description: *Select a date from a popup or inline calendar*

C QuickNav

```
Options          Methods      Events
----------------------------------------
…                …
appendText       getDate
…                …
```

＜中略＞

D Options

＜中略＞

E appendText

Type: String

Default: ""

The text to display after each date field, ①e.g., to show the required format.

Code examples:

②Initialize the datepicker ③with the appendText option specified:

```
$( ".selector" ).datepicker({
  appendText: "(yyyy-mm-dd)"
});
```

Get or set the appendText option, after initialization:

```
// Getter
var appendText = $( ".selector" ).datepicker( "option",
"appendText" );

// Setter
```

```
$( ".selector" ).datepicker( "option", "appendText", "(yyyy-mm-dd)" );
```

＜中略＞

F Methods

＜中略＞

G getDate()　*Returns: Date*

Returns the current date for the datepicker or null if no date has been selected.

- This method does not ④accept any ⑤arguments.

Code examples:

⑥Invoke the getDate method:

```
var currentDate = $( ".selector" ).datepicker( "getDate" );
```

＜後略＞

（取得元[2]）

語彙・表現解説

サンプル内の語彙や表現を解説します。丸数字（例：①）の順となります。

① e.g.

- 「たとえば」を表すラテン語。「for example」と同じ意味。関連語に「i.e.」（すなわち）がある

② initialize［動詞］初期化する Ad

- 名詞はinitialization（初期化）で、同じくアドバンスト300

③ with

- 文法的に言うと、このwithは「付帯状況」（appendTextオプションが指定されている状況）を示す

④ accept［動詞］受諾する、受け入れる Ba
- ここでは（引数を）受け取るという意味

⑤ argument［名詞］引数 Ba
⑥ invoke［動詞］呼び出す Ad

ポイント解説

サンプル内のポイントをいくつか解説します。四角付きアルファベット（例：A）の順となります。

A ウィジェット名

ページの見出しとなっているウィジェット名です。このAPIリファレンスではウィジェットが1つのまとまりとなっています。

B ウィジェットの概要

ウィジェットが何であるのか、概要が書かれています。「Select a date …」と主語を省略し、動詞から書かれています。

C ナビゲーション

QuickNavとは、Quick Navigationの略だと思われます。読者が求める情報にすばやく（quick）移動（navigation）できるようにするために、オプション（Options）、メソッド（Methods）、イベント（Events）を一覧にしています。

D オプションの見出し

オプションの見出しです。オプションはいくつもあり、そのうち1つが「appendText」という項目です。

E appendTextオプション

ウィジェットに追加するテキストを指定するオプションです。型（String）、デフォルト値、説明文、さらにコード例が掲載されています。コード例の説明文でも「Initialize the datepicker …」と主語が省略されています。

F メソッドの見出し

複数あるメソッドの見出しです。「getDate()」はそのうちの1つです。

G getDateメソッド

現在ウィジェットに設定されている日付を取得するメソッドです。戻り値（Returns）、説明文、コード例が記載されています。

和訳

サンプルの和訳です。

Datepickerウィジェット

説明： *ポップアップまたはインラインのカレンダーから日付を選択*

QuickNav

```
オプション      メソッド      イベント
--------------------------------------------
…              …
appendText     getDate
…              …
```

<中略>

オプション

<中略>

appendText

型：String

デフォルト：""

日付フィールドの後ろに表示するテキストで、たとえば必須の入力形式を示すのに使う。

コード例：

appendTextオプションを指定した状態で、Datepickerを初期化：

```
$( ".selector" ).datepicker({
  appendText: "(yyyy-mm-dd)"
});
```

初期化後にappendTextオプションを取得または設定：

```
// Getter
var appendText = $( ".selector" ).datepicker( "option", "appendText" );

// Setter
$( ".selector" ).datepicker( "option", "appendText", "(yyyy-mm-dd)" );
```

＜中略＞

メソッド

＜中略＞

getDate()　*戻り値：Date型*

Datepickerの現在の日付を、またはもし日付が選択されていない場合はnullを返す。

- このメソッドは引数を受け取らない。

コード例：

getDateメソッドを呼び出す：

```
var currentDate = $( ".selector" ).datepicker( "getDate" );
```

＜後略＞

2-1-3. Scikit-learn（Python）

最後のサンプルとして、機械学習用のPythonライブラリーであるScikit-learnのAPIリファレンスを見てみます。「コーエンのカッパ係数」を計算する関数です。専門的な用語が多数出てくるので、この分野に詳しくなければ完全に読解できなくても問題ありません。

sklearn.metrics.cohen_kappa_score

```
sklearn.metrics.cohen_kappa_score(y1, y2, labels=None,
weights=None, sample_weight=None)
```

A Cohen's kappa: a ①statistic that measures ②inter-annotator agreement.

＜中略＞

B Read more in the User Guide.

C Parameters:	y1 : *array, shape = [n_samples]* Labels ③assigned by the first annotator. y2 : *array, shape = [n_samples]* Labels assigned by the second annotator. The kappa statistic is ④symmetric, so ⑤swapping **y1** and **y2** doesn't change the value. labels : *array, shape = [n_classes], ⑥optional* List of labels to index the matrix. This may be used to select a subset of labels. If None, all labels that appear at least once in **y1** or **y2** are used. weights : *str, optional* Weighting type to ⑦calculate the score. None means no weighted; "linear" means ⑧linear weighted; "quadratic" means ⑨quadratic weighted. sample_weight : ⑩*array-like of shape (n_samples,), default=None* Sample weights.
D Returns:	kappa : *float* The kappa statistic, ⑪which is a number between -1 and 1. The maximum value means complete agreement⑫; zero or lower means ⑬chance agreement.

<後略>

（取得元[3]）

語彙・表現解説

サンプル内の語彙や表現を解説します。丸数字（例：①）の順となります。

① statistic［名詞］統計量（統計値）
- 「a statistic」と可算名詞の場合は「統計量」の意味。複数形statisticsは「統計学」。複数形はstatsと略される

② inter-annotator agreement［名詞］アノテーター間の一致度
- 異なる人がアノテーション（メタ情報を付与すること）をした際に、アノテーションがどの程度一致しているかを示す数値のこと

③ assign［動詞］割り当てる Ad
- 「（変数に）代入する」という意味もある

④ symmetric［形容詞］対称の

⑤ swap［動詞］交換する

⑥ optional［形容詞］任意の、オプションの Ba

⑦ calculate［動詞］計算する Ad

⑧ linear［形容詞］1次の、線形の

⑨ quadratic［形容詞］2次の

⑩ array-like［名詞］配列ライク
- 配列と同じようなものという意味。ここではPythonのリストやタプルが含まれる

⑪ which
- 関係代名詞whichが「, which」の形（非制限用法）で使われた場合、補足的な説明

⑫ ;
- セミコロンは文どうしの何らかの論理的なつながり（順接、逆接など）を示す。ここでは「一方」や「他方」といったニュアンス

⑬ chance［名詞］偶然

- 「chance agreement」で「偶然の一致」。chanceを見るとまず「機会」という日本語が思いつくが「偶然」もあるので注意

ポイント解説

サンプル内のポイントをいくつか解説します。四角付きアルファベット（例：**A**）の順となります。

A コーエンのカッパ係数の概要

コーエンのカッパ係数が何であるか、簡潔に説明しています。この後に詳しい説明が記載されていますが、本書では省略しています。

B ユーザー・ガイドへのリンク

APIリファレンスは参照目的であるため、チュートリアルや具体例などは別途資料が用意されていることがあります。ここでも関数の具体例はユーザー・ガイドに掲載されています。

C パラメーターの一覧

ここ以下で、関数の各パラメーターを詳しく説明しています。

D 戻り値

関数からの戻り値を説明しています。

和訳

サンプルの和訳です。

sklearn.metrics.cohen_kappa_score

```
sklearn.metrics.cohen_kappa_score(y1, y2, labels=None,
weights=None, sample_weight=None)
```

コーエンのカッパ係数：アノテーター間の一致度を測る統計量。

＜中略＞

詳細をユーザー・ガイドで参照。

パラメーター：	y1 : *配列、形状 = [nサンプル]* 第1のアノテーターによって割り当てられたラベル。 y2 : *配列、形状 = [nサンプル]* 第2のアノテーターによって割り当てられたラベル。カッパ値は対称なので、y1とy2を交換しても値は変わらない。 labels : *配列、形状 = [nクラス]、任意* 行列の見出しとするラベルのリスト。ラベルの一部分を選択するのに使える。Noneの場合、**y1**か**y2**で少なくとも1回登場したすべてのラベルが使われる。 weights : *文字列、任意* 値を計算するための重み付けの種類。Noneは重みなし、「linear」は1次の重み、「quadratic」は2次の重みを意味する。 *sample_weight : 形状の配列ライク (nサンプル,)、デフォルト = None* サンプルの重み。
戻り値：	kappa : *float* カッパ統計量で、-1～1の間の数字。最大値は完全な一致を意味する一方で、ゼロ以下は偶然の一致を意味する。

＜後略＞

2-2. APIリファレンス英語の特徴

APIリファレンスのサンプルをいくつか確認しました。続いて、APIリファレンスの言語的な特徴についていくつかの点から説明します。

2-2-1. ドキュメント全体の特徴

ドキュメント全体として見た場合、いくつかの特徴があります。

通読ではなく必要時に参照

辞書のような参照用の資料なので、最初から最後まで通して読むというよりも、必要になったら必要な部分を読むという使い方が一般的です。

ウェブサイトによってはチュートリアルのような資料も提供されています。プログラミング方法を学んだり具体例を確かめたりするのであれば、そういった資料の方が適しています。たとえばScikit-learn（2-1-3）のサンプルではユーザー・ガイドへのリンクが掲載されていました。

「概要→詳細」という構成

必要なときに情報をすばやく効率的に見つけられるよう、まず概要（全体像）を示し、その後に詳細を載せる流れが一般的です。そのため読むときは「概要→詳細」という流れを意識して読むとよいでしょう。

たとえば、Android（2-1-1）のサンプルの場合、情報がクラス単位でまとめられています。まずクラス全体の概要（Summary）を提示し、その後でコンストラクターやメソッドの詳細が説明されています。jQuery（2-1-2）のDatepickerウィジェットも、SQLiteCursorとは情報内容は異なりますが、構成としては「概要→詳細」の形になっています。特に「QuickNav」では全体構成を表で載せ、必要な情報がある場所にすぐ移動できるように工夫しています。

主語を省略して書く

サンプル中でも解説しましたが、主語が省略された文がよく使われます。クラス、メソッド、関数などが何をするのかを説明する場面です。

省略が発生する理由はいくつか考えられます。まず、主語は文脈から容易に推測できるため、省いても問題ないからです。さらに、動詞を文頭に置くことで「何をするのか」が読者に即座に伝わるからです。参照用資料であるため、読者に情報を見つけてもらいやすくするのです。

Android（2-1-1）のSQLiteCursorのポイント解説でも示したように、動詞は原形のことも三人称単数現在形のこともあります。

入力と出力の情報を重視

APIを使うには、何を入れたら何が出てくるのかという情報が重要です。そのため関数などの説明には、パラメーター（入力）と戻り値（出力）が記載されています。最後のScikit-learn（2-1-3）のサンプルを見ると、その2つが目立つような形で表が作られています。

APIリファレンスの細かい部分まで読むにはそこそこの英語力（や背景知識）が必要です。しかしポイントを押さえれば、読む際の負担は小さくなります。入力と出力の情報はそういった重要ポイントの1つです。

2-2-2. 文頭の動詞10

上記のように、APIリファレンスでは主語を省略して動詞から書き始める文が目立ちます。そこで文頭でよく使われる動詞を例文と一緒に10個挙げてみます。すべてプログラミング必須英単語600+に入っています（アイコンなしは前提英単語100）。

語	意味	例文	訳	補足
add	追加する	Adds a listener for mouse events.	マウスのイベント用のリスナーを追加。	
construct Ad	（コンストラクターで）生成する	Constructs a Calendar object with the given date.	与えられた日付でCalendarオブジェクトを生成。	コンストラクターの説明で使われる
create	作成する	Create an HTTP request.	HTTPリクエストを作成。	
determine Ba	判別する、決定する	Determines if the given IP address is valid.	与えられたIPアドレスが有効かどうか判別。	「determine if ～」で「～どうか判別する」。ブール値が返されるケースが多い
get	取得する、獲得する	Gets the width of the photo.	写真の幅を取得。	

語	意味	例文	訳	補足
indicate Ba	示す	Indicates that the file was successfully uploaded.	ファイルが正常にアップロードされたことを示す。	定数などの説明で使われる
remove Ba	削除する	Removes the specified item from the list.	指定の項目をリストから削除。	
retrieve Ad	取得する	Retrieves all user IDs.	すべてのユーザーIDを取得。	
return	戻す、返す	Returns true if the given value is valid.	与えられた値が有効な場合、trueを返す。	戻り値を説明する文で使われ、非常に頻繁に出現
set	設定する	Set a cookie for the specified URL.	指定のURLのクッキーを設定する。	

2-2-3. 特徴語25

続いて、プログラミング英語の中でも特にAPIリファレンスで特徴的に用いられる語を25個挙げてみます。上記の文頭動詞10は除外しています。

プログラミング言語のキーワードや、APIリファレンス内で見出しとなるような単語が多く入っています。givenを除いてすべてプログラミング必須英単語600+に掲載されており（calledはcall、specifiedはspecify）、アイコンなしは前提英単語100です。

語	品詞	意味	補足
argument Ba	名詞	引数、実引数	
attribute Ba	名詞	属性	
called	形容詞	呼び出された	メソッドや関数で使われる
constant Ba	名詞／形容詞	定数／一定の	
constructor Ba	名詞	コンストラクター	
deprecated Ad	形容詞	非推奨の	
description	名詞	説明	

語	品詞	意味	補足
element Ba	名詞	要素	
exception Ba	名詞	例外	
field Ba	名詞	フィールド	
final	形容詞	最終の	
given	形容詞	与えられた、渡された	引数で使われる
implementation Ad	名詞	実装	
index Ba	名詞	インデックス、索引、添字	
interface Ba	名詞	インターフェイス	
key	名詞	キー	
method Ba	名詞	メソッド	
optional Ba	形容詞	任意の、オプションの	
otherwise Ad	副詞	そうでなければ、さもないと	
parameter Ba	名詞	パラメーター、仮引数	
specified Ba	形容詞	指定された	
static Ad	形容詞	静的な	
throw Ba	動詞	スローする、投げる	例外の発生で使われる
type Ba	名詞／動詞	型、種類／（キーボードで）入力する	データ型を指すことが多い
value Ba	名詞	値	

2-3. 例題

APIリファレンスに関する例題です。プログラミング英語検定の出題形式になっています。「語彙」、「読解／文法」、「英作文」のカテゴリー別で、ベーシックとアドバンストの2レベルに分かれています。

語彙

ベーシック

【1】APIリファレンスに次の記述があった。下線の英語に対応する日本語として最も適切なのはどれか？

Returns an array containing all the usernames.

A. 一覧　B. 行列　C. 情報　D. 配列

【2】APIリファレンスに次の記述があった。下線の英語に対応する日本語として最も適切なのはどれか？

Constructs an empty text field with the given number of rows.

A. 新しい　B. 厚みのある　C. 空の　D. 狭い

【3】APIリファレンスに次の記述があった。下線の英語に対応する日本語として最も適切なのはどれか？

VERSION_NUMBER: Constant used to indicate the version number.

A. 上げる　B. 示す　C. 小さくする　D. 変更する

【4】APIリファレンスに次の記述があった。下線の英語に対応する日本語として最も適切なのはどれか？

Returns true if the read operation was successful.

A. 完了　B. 出力　C. 処理　D. 中止

【5】APIリファレンスに次の記述があった。下線の英語に対応する日本語として最も適切なのはどれか？

Parameters:
id - A string specifying the user ID.

A. 整数　B. ひも　C. 文字列　D. 乱数

アドバンスト

【6】APIリファレンスに次の記述があった。下線の英語に対応する日本語として最も適切なのはどれか？

Parameters:
val - The value associated with this text field.

A. 関連づけられた　B. 計算された　C. 支援している　D. 入力された

【7】APIリファレンスに次の記述があった。下線の英語に対応する日本語として最も適切なのはどれか？

Invoked when the dialog is displayed.

A. 折りたたまれる　B. 終了する　C. 公開される　D. 呼び出される

【8】APIリファレンスに次の記述があった。下線の英語に対応する日本語として最も適切なのはどれか？

Gets the minimum value of this slider.

A. 最小の　B. 最大の　C. 初期の　D. 中間の

【9】APIリファレンスに次の記述があった。下線の英語に対応する日本語として最も適切なのはどれか？

Retrieves a list of uploaded files.

A. 復元する　B. 取得する　C. 消去する　D. 返信する

【10】APIリファレンスに次の記述があった。下線の英語に対応する日本語として最も適切なのはどれか？

Determines if the given URL is valid.

A. 価値がある　B. 変更されている　C. 有効な　D. 無用な

【11】APIリファレンスで、ある関数のパラメーターについて次の記述があった。(ア)に入る英語として最も適切なのはどれか？

> Parameter:
> p - The character (ア), defaults to "UTF-8".

A. color　B. encoding　C. shape　D. width

【12】APIリファレンスで、あるメソッドの戻り値について次の記述があった。(ア)に入る英語として最も適切なのはどれか？

> Returns true if deletion is allowed. (ア), false.

A. Although　B. Automatically　C. However　D. Otherwise

読解／文法

ベーシック

【13】APIリファレンスで、あるメソッドの戻り値について次の記述があった。これと内容が合致するのはどれか？

> Returns an array of column names.

A. 行の名前が入った配列が戻される

B. 行の名前の文字列が戻される

C. 列の名前が入った配列が戻される

D. 列の名前の文字列が戻される

【14】APIリファレンスで、あるメソッドのパラメーターについて次の記述があった。これと内容が合致するのはどれか？

> Parameters:
> name - Username of the user (Required)
> email - Email address of the user (Optional)

A. emailは指定しなくてもよい

B. nameは指定しなくてもよい

C. ユーザーのメール・アドレス一覧を渡す必要がある

D. ユーザーの一覧を渡す必要がある

【15】APIリファレンスで、あるメソッドについて次の記述があった。これと内容が合致するのはどれか？

```
setButtonHeight(int h):
  Sets the height of the button in pixels.
```

A. ボタンの高さをピクセル内部に設定できる

B. ボタンの高さをピクセル単位で設定できる

C. ボタンの幅をピクセル内部に設定できる

D. ボタンの幅をピクセル単位で設定できる

アドバンスト

【16】APIリファレンスで、あるメソッドについて次の記述があった。これと内容が合致するのはどれか？

```
getId()
 *Note: This method is deprecated for security reasons, and replaced by
getAccountId().
```

A. getIdメソッドはセキュリティー面でgetAccountId()より優れている

B. getIdメソッドは非推奨なのでgetAccountId()を使う

C. getIdメソッドを使う前にgetAccountId()メソッドで置換処理をする

D. セキュリティーを重視するならgetAccountId()を使わない

【17】Java言語でXMLドキュメントをパースするインターフェイス「XMLReader」があった。その中のparseメソッドを解説したAPIリファレンスに次の記述があった。これと内容が合致するのはどれか？

parse

```
public void parse(java.lang.String systemId)
      throws java.io.IOException,
      SAXException
```

Parse an XML document from a system identifier (URI).

This method is a shortcut for the common case of reading a document from a system identifier. It is the exact equivalent of the following:

```
parse(new InputSource(systemId));
```

If the system identifier is a URL, it must be fully resolved by the application before it is passed to the parser.

Parameters:

`systemId` – String: The system identifier (URI).

Throws:

`SAXException` – Any SAX exception, possibly wrapping another exception.

`IOException` – An IO exception from the parser, possibly from a byte stream or character stream supplied by the application.

See Also: *parse(org.xml.sax.InputSource)*

（取得元**4**）

A. 「parse(new InputSource(systemId));」を使った場合と結果が異なる

B. システム識別子にURLを使ってもよい

C. システム識別子は配列にして渡す必要がある

D. バイト・ストリームが入出力例外の原因になることはない

【18】JavaScriptのウェブ・アプリケーションUI用フレームワークVue.jsに次のAPIリファレンスがあった。これと内容が合致するのはどれか？

Global Config

Vue.config is an object containing Vue's global configurations. You can modify its properties listed below before bootstrapping your application:

＜中略＞

devtools

- Type: `boolean`
- Default: `true` (`false` in production builds)

- Usage:

  // make sure to set this synchronously immediately after loading Vue
  `Vue.config.devtools = true`

Configure whether to allow vue-devtools inspection. This option's default value is `true` in development builds and `false` in production builds. You can set it to `true` to enable inspection for production builds.

（取得元**5**）

A. devtoolsではvue-devtoolsで検査可能にするかどうかを決める

B. devtoolsの本番ビルドにおけるデフォルト値はtrueである

C. 本番ビルドで検査をするよう設定してはいけない

D. 利用例にあるような設定はいつでも非同期に実施してよい

【19】Android（Java言語）のAPIリファレンスに、自動車用UIのツールバーを作るクラス「CarToolbar」があった。そのうちサブタイトルを設定するsetSubtitleメソッドは次のように解説されている。(ア)～(エ)に入る英語として最も適切なのは、候補のうちそれぞれどれか？ ただし文頭に入る語も小文字としてある。また各単語は1回のみ選べるものとする。

setSubtitle

`public void setSubtitle (CharSequence subtitle)`

Sets the subtitle of this toolbar.

Subtitle should express (ア) information about the current content. Subtitle will appear (イ) the title if the title exists.

Parameters

subtitle　CharSequence: Subtitle to (ウ). `null` or empty string will (エ) the subtitle.

（取得元**6**）

a　extended　hide　invalid　set　underneath

英作文（アドバンストのみ）

【20】APIリファレンスで関数の戻り値の説明を英語で書きたい。日本語に合うよう、(ア)〜(カ)に入る適切な英単語を選んで英文を作れ。ただし文頭に入る語も小文字としてある。また各単語は1回のみ選べるものとする。

与えられた文字列が、接頭辞のうち1つから始まる場合、trueを返す。

(ア) true if the (イ) string (ウ) (エ) (オ) of the (カ).

from	given	one	prefixes
returns	starts	suffixes	with

解答

正解とその解説です。

【1】D. 配列

arrayはベーシック300に含まれる「配列」という名詞。

【2】C. 空の

emptyはベーシック300に含まれる「空の」という形容詞。givenは「与えられた」、「number of rows」は「行数」の意味。

【3】B. 示す

indicateはベーシック300に含まれる「示す」という動詞。constantは「定数」（ベーシック300）、version numberは「バージョン番号」。

【4】C. 処理

operationはベーシック300に含まれる「操作、処理」という動詞。read operationで「読み取り処理」を表す。successfulは「成功した」という形容詞（ベーシック300）。

【5】C. 文字列

stringはベーシック300に含まれる「文字列」という名詞。「A string specifying the user ID」で「ユーザーIDを指定する文字列」の意味。

【6】A. 関連づけられた

associateはアドバンスト300に含まれる「関連づける」という動詞。「associate with ～」で「～と関連づける」の意味。

【7】D. 呼び出される

invokeはアドバンスト300に含まれる「呼び出す」という動詞。問題文はメソッドの説明で、「ダイアログが表示されると呼び出される」。

【8】A. 最小の

minimumはアドバンスト300に含まれる「最小の」という形容詞。sliderは「スライダー」で、つまみをドラッグして値を設定できるUIのこと。

【9】B. 取得する

retrieveはアドバンスト300に含まれる「取得する」という動詞。

【10】C. 有効な

validはアドバンスト300に含まれる「有効な」という形容詞。「determine if (whether) ～」で「～かどうかを判別する」。

【11】B. encoding

encodingはアドバンスト300に含まれる「エンコーディング、符号化」という名詞。character encodingで「文字エンコーディング」のこと。「UTF-8」は文字エンコーディングの1つなので、そこから解答を推測できる。なお、shapeは「形状」、widthは「幅」（共にベーシック300）。

【12】D. Otherwise

otherwiseはアドバンスト300に含まれる「そうでなければ、さもないと」という副詞。問題文は「削除が許可されていればtrueを返す。そうでなければfalse」。

【13】C. 列の名前が入った配列が戻される

arrayもcolumnもベーシック300に含まれ、それぞれ「配列」（名詞）と「列」（名詞）のこと。

【14】A. emailは指定しなくてもよい

「Optional」は「任意の」（ベーシック300）という意味のため、emailは指定しなくてもよいと分かる。

【15】B. ボタンの高さをピクセル単位で設定できる

heightはベーシック300に含まれる「高さ」という名詞。「in pixels」で「ピクセル単位」の意味。「～単位」は前置詞inで表される。

【16】B. getIdメソッドは非推奨なのでgetAccountId()を使う

問題文は「注：このメソッドはセキュリティー上の理由で非推奨であり、getAccountId()により置き換えられている」という意味。deprecatedはアドバンスト300に含まれる「非推奨の」という形容詞。

【17】B. システム識別子にURLを使ってもよい

問題文を日本語にすると以下のようになる。

parse

```
public void parse(java.lang.String systemId)
       throws java.io.IOException,
       SAXException
```

システム識別子（URL）からのXMLドキュメントをパースする。

このメソッドは、システム識別子からドキュメントを読み込むというよくあるケースで使える近道である。以下の場合とまったく同じになる：

```
parse(new InputSource(systemId));
```

システム識別子がURLの場合、パーサーに渡される前にアプリケーション側で完全に解決しておかなければならない。

パラメーター：

`systemId` – String: システムID（URI）。

スロー：

`SAXException` – あらゆるSAX例外。ほかの例外を中に含んでいる可能性。

`IOException` – パーサーからの入出力例外。アプリケーションから与えられたバイト・ストリームや文字ストリームが原因の可能性。

こちらも参照： *parse(org.xml.sax.InputSource)*

表現解説：

- identifier［名詞］識別子（アドバンスト300）。
- shortcut［名詞］何かをする「近道」のこと。
- IO［名詞］入出力。Input/Outputの頭字語。

間違い選択肢解説：

- A.「parse(new InputSource(systemId));」を使った場合と結果が異なる → まったく同等なので（exact equivalent）、結果も同じ。
- C. システム識別子は配列にして渡す必要がある → 文字列で渡すので、配列にする必要はない。
- D. バイト・ストリームが入出力例外の原因になることはない → 原因になる可能性がある（possibly from a byte stream）とある。

【18】A. devtoolsではvue-devtoolsで検査可能にするかどうかを決める

問題文を日本語にすると以下のようになる。

> **グローバルな構成**
>
> Vue.configは、Vueのグローバルな構成が含まれているオブジェクト。アプリケーションを起動する前に、以下に一覧で挙げるプロパティーを修正できる：
>
> ＜中略＞
>
> **devtools**
>
> - 型：`boolean`
> - デフォルト：`true`（本番ビルドでは`false`）
> - 使用例：
>
> ```
> // Vueを読み込み後すぐに同期でこれを設定すること
> Vue.config.devtools = true
> ```
>
> vue-devtoolsの検査を許可するかどうかを構成する。このオプションのデフォルト値は、開発ビルドでは`true`、本番ビルドでは`false`。本番ビルドで検査を有効にするには、これを`true`に設定できる。

表現解説：

- bootstrap（略すとboot）［動詞］起動する
- make sure to ～：確実に～する、必ず～する
- inspection［名詞］検査（アドバンスト300）
- production［名詞］本番、実稼働

間違い選択肢解説：

- B. devtoolsの本番ビルドにおけるデフォルト値はtrueである → 本番ビルドでのデフォルト値はfalse。
- C. 本番ビルドで検査をするよう設定してはいけない → 本番ビルドでも検査は有効にできる。
- D. 利用例にあるような設定はいつでも非同期に実施してよい → 読み込み後すぐに同期でとある。

【19】（ア）extended、（イ）underneath、（ウ）set、（エ）hide

選択肢解説：

- ア：名詞informationの直前であるため、冠詞や形容詞がまず候補となる。冠詞の選択肢は「a」しかないので不可。形容詞の選択肢は「invalid」と「extended」だが、invalid（無効な）は文脈に合わず、extended（拡張した、より詳しい）が適当。なおextend（拡張する）はアドバンスト300。
- イ：前置詞underneath（～の下に）が適当。
- ウ：to不定詞だと想定すると、動詞のsetかhideが入る。hideでは文脈に合わず、setが適当（「Subtitle to set」で「設定するサブタイトル」）。
- エ：willの後なので動詞だと想像できる。文脈からhideが適当（nullやempty stringだとサブタイトルが非表示になる）。

【20】（ア）returns、（イ）given、（ウ）starts、（エ）with、（オ）one、（カ）prefixes

選択肢解説：

- ア：戻り値を書く方法として、主語を省略して「Returns ～」とするのがよく使われる。
- イ：引数として「与えられた」という意味ではgiven。
- ウ、エ：「～で始まる」は「start with ～」と前置詞にwithを使う。
- オ：「one of <複数形>」で複数あるうちの1つを指す。

- カ：prefixは「接頭辞」という名詞（アドバンスト300）。なおsuffixは「接尾辞」（アドバンスト300）。

注

1：https://developer.android.com/reference/android/database/sqlite/SQLiteCursor.html （Apache 2.0ライセンスに基づき改変して利用。Used with modification based on Apache 2.0 License. 2020-01-06参照）
2：https://api.jqueryui.com/datepicker/ （MITライセンスに基づき利用。2020-01-06参照）
3：https://scikit-learn.org/stable/modules/generated/sklearn.metrics.cohen_kappa_score.html （New BSDライセンスに基づき利用。2020-01-06参照）
4：http://www.saxproject.org/apidoc/org/xml/sax/XMLReader.html （パブリック・ドメイン。2020-02-23参照）
5：https://github.com/vuejs/vuejs.org/blob/master/src/v2/api/index.md （MITライセンスに基づき利用。2020-01-17参照）
6：
https://developer.android.com/reference/androidx/car/widget/CarToolbar#setSubtitle(java.lang.CharSequence) （Apache 2.0ライセンスに基づき改変して利用。Used with modification based on Apache 2.0 License. 2020-01-17参照）

第3章
マニュアル／ヘルプ

マニュアルやヘルプは、IDE（統合開発環境）のようなソフトウェアの操作を説明したり、問題発生時に解決方法を提示したりするドキュメントです。APIリファレンスではプログラミング自体のやり方が説明されますが、マニュアルやヘルプではプログラミングで利用するツールの使い方が主に説明されます。

本章では併せて「使用許諾契約」についても触れます。他人のソフトウェアやサービスを利用する際に読む必要があります。マニュアルと言語的特徴は異なりますが、「ソフトウェアなどの利用時に読むドキュメント」という点で共通しているため、本章で取り上げます。

実際のサンプルを読んでみましょう。

3-1.サンプルと解説

3-1-1. Android Studio

Androidアプリの作成で使うIDEである「Android Studio」のマニュアルです。UIをデザインするレイアウト・エディターを使い、レイアウトを新規作成する方法を説明しているセクションを取り上げます。

Create a new layout

When adding a new layout for your app, begin by creating a layout file in your project's default `layout/` directory so that it applies to all device configurations. ①Once you have a default layout, you can create layout ②variations for specific device configurations (such as for xlarge screens).

There are a few different ways to create a new layout, ③depending on your **Project** window view, but Ⓐthe following procedure is ④accessible from any view:

1. ⒷIn the **Project** window, Ⓒclick the module (such as **app**) in which you want to add a layout.
2. In the main menu, select Ⓓ**File > New > XML > Layout XML File.**
3. In the dialog that appears, enter a name for the file, the root layout tag, and the source set in which the layout belongs. ⑤Then click **Finish**.

⑥A couple other ways to start a new layout file (although the dialogs that appear are different) are Ⓔthe following:

- If you've selected the **Project** view in the **Project** window: open the **res** directory for your app module, right-click the layout directory where you'd like to add the layout and then click **New > Layout resource file.**
- If you've selected the **Android** view in the **Project** window: right-click the **layout** folder and then select **New > Layout resource file.**

(取得元[1])

語彙・表現解説

サンプル内の語彙や表現を解説します。丸数字（例：①）の順となります。

① once［副詞］一度、いったん
- ここでは「いったん〜すれば」という副詞節

② variation［名詞］バリエーション、変種、変化

③ depending on 〜
- 「〜に応じて」や「〜によって」という意味

④ accessible［形容詞］アクセス可能な、利用可能な Ad
- ここでは「実行可能な」といったニュアンスが近い

⑤ then［副詞］それから、その次に
- 順序を説明するマニュアルでは頻出

⑥ a couple

- 「少し」や「2つの」という意味。「a couple of ～」のofが省略された形（アメリカ英語の話し言葉とされる）

ポイント解説

サンプル内のポイントを解説します。四角付きアルファベット（例：A）の部分です。

A the following ～:

「following」＋「:（コロン）」は、直後に箇条書きやリストが来る場合に導入でよく用いられる表現です。「the following」は「次の」や「以下の」という意味の形容詞、コロンはリストの導入に用いられる記号です。この場合は直後に番号付きのリストが置かれています。

B In the Project window,

操作指示をする場合、まず操作をする「場所」が書かれるのが一般的です。あらかじめ場所を明確にしておかなければ、ユーザーが操作に迷うためです。

C click ～

操作指示はpleaseを付けずに命令形で書かれます。

D File > New > XML > Layout XML File

メニューの連続操作を記述する場合、英語ではサンプルのように「>」がよく用いられます。

E the following:

上記のAと同様にリストの導入部分です。followingとコロンが用いられています。ただしこちらは番号なしのリストです。

和訳

サンプルの和訳です。なおメニュー名などのUIラベルは英語のままとしています。

新しいレイアウトを作成

アプリに新しいレイアウトを追加する場合、すべてのデバイス構成に適用されるよう、プロジェクトでデフォルトの`layout/`ディレクトリーにレイアウト・ファイルを作成するところから始めます。いったんデフォルトのレイアウトを作ってしまえば、特定のデバイス構成（たとえばxlarge画面）に対してさまざまな種類のレイアウトを作成できます。

新規レイアウトの作成には、「Project」ウィンドウのビューに応じていくつか方法がありますが、以下の手順であればどのビューからでも実行が可能です：

1. 「Project」ウィンドウで、レイアウトを追加したいモジュール（「app」など）をクリックします。
2. メインのメニューで、「File」→「New」→「XML」→「Layout XML File」と選択します。
3. 表示されるダイアログで、ファイル名、ルートのレイアウト・タグ、およびそのレイアウトが加えられるソース・セットを入力します。そして「Finish」をクリックします。

以下のように、ほかに2つほど新規レイアウト・ファイルを作成する方法（表示されるダイアログは異なる）があります：

- 「Project」ウィンドウで「Project」ビューを選択している場合：「app」モジュールの「res」ディレクトリーを開き、レイアウトを追加したい「layout」ディレクトリーを右クリックし、続いて「New」→「Layout resource file」をクリックします。
- 「Project」ウィンドウで「Android」ビューを選択している場合：「layout」フォルダーを右クリックし、続いて「New」→「Layout resource file」を選択します。

3-1-2. Docker

続いて、コンテナー型の仮想化ソフトウェアである「Docker」のマニュアルです。次に例示するセクションでは、そういったコンテナーを管理するKubernetesをMac OSXで有効化する手順を説明しています。

操作はコマンド入力のため、GUIとは違った表現が見られます。

まずはサンプルです。

Ⓐ Enable Kubernetes

Docker Desktop will set up Kubernetes for you quickly and easily. Follow the setup and ①validation ②instructions appropriate for your operating system:

OSX

1. After installing Docker Desktop, you ③should see a Docker icon in your menu bar. Click on it, and navigate **B** **Preferences... -> Kubernetes**.
2. Check the checkbox labeled ***Enable Kubernetes***, and click **Apply**. Docker Desktop will automatically set up Kubernetes for you. You'll know everything has completed ④successfully once you can click on the Docker icon in the menu bar, and see a green light beside 'Kubernetes is Running'.
3. **C**In order to ⑤confirm that Kubernetes is up and running, create a text file called pod.yaml with **D**the following content:

```
apiVersion: v1
kind: Pod
metadata:
name: demo
spec:
containers:
- name: testpod
image: alpine:3.5
command: ["ping", "8.8.8.8"]
```

   This describes a pod with a single container, ⑥isolating a simple ping to 8.8.8.8.

4. In a terminal, ⑦navigate to where you created pod.yaml and create your pod:

```
kubectl apply -f pod.yaml
```

5. Check that your pod is ⑧up and running:

```
kubectl get pods
```

   You should see something like:

```
NAME READY STATUS   RESTARTS AGE
demo 1/1   Running 0        4s
```

6. Check that you get the logs you'd expect for a ping process:

```
kubectl logs demo
```

You should see the output of a healthy ping process:

```
PING 8.8.8.8 (8.8.8.8): 56 data bytes
64 bytes from 8.8.8.8: seq=0 ttl=37 time=21.393 ms
64 bytes from 8.8.8.8: seq=1 ttl=37 time=15.320 ms
64 bytes from 8.8.8.8: seq=2 ttl=37 time=11.111 ms
...
```

7. Finally, ⑨tear down your test pod:

```
kubectl delete -f pod.yaml
```

(取得元[2])

語彙・表現解説

サンプル内の語彙や表現の解説です。

① validation［名詞］検証 Ad

② instruction［名詞］指示 Ba

③ should

- shouldには「～すべき」（義務）のほかに、「～のはずだ」と期待を表すニュアンスもある

④ successfully［副詞］正常に Ad

⑤ confirm［動詞］確定する、確認する Ad

⑥ isolate［動詞］分離する、隔離する

- ここはいわゆる分詞構文で、isolateの意味上の主語はThisとなる

⑦ navigate［動詞］移動する Ad

⑧ up and running

- 「問題なく動作している」というイディオム

⑨ tear down

- 「取り壊す」という意味。ソフトウェアのテスト（単体テストなど）を破棄する際にもよく登場する表現

ポイント解説

続いて、サンプル内のポイント解説をします。

Ⓐ Enable Kubernetes

セクションの見出しです。ここでは「Enable ～」と動詞で始まっていますが、動名詞（例：Enabling ～）やto不定詞（例： To enable ～）が用いられることもあります。

Ⓑ Preferences... -> Kubernetes

メニューの連続操作に「->」（ハイフンと不等号）が使われています。英語では「>」と並んで頻繁に用いられる記号です。

Ⓒ In order to ～,

Android Studio（3-1-1）のポイント解説で、操作指示ではまず「場所」が書かれるのが一般的だと説明しました。場所以外にも、このサンプルにあるような「目的」も最初に書かれることがあります。

Ⓓ the following content:

followingとコロンを使った「以下の」という表現です。ここでは後続のファイル記述内容を示すのに使われています。

和訳

次にサンプルの和訳を確認します。メニュー名などのUIラベルは英語のままとしています。

Kubernetesを有効化

Dockerデスクトップでは、Kubernetesを迅速かつ簡単にセットアップできます。お使いのオペレーティング・システムに合わせて、セットアップと検証の操作指示に従ってください：

OSX

1. Dockerデスクトップをインストールしたら、メニュー・バーにDockerのアイコンが表示されるはずです。それをクリックし、「Preferences...」→「Kubernetes」に移動します。
2. 「Enable Kubernetes」とラベルが書かれたチェックボックスをチェックし、「Apply」をクリックします。Dockerデスクトップで自動的にKubernetesがセットアップされます。メニュー・バーのDockerアイコンをクリックし、「Kubernetes is Running」の隣に青信号が表示されていたら、すべて正常に完了したと分かります。
3. Kubernetesが問題なく動作していると確認するために、以下の情報が記載されたpod.yamlというテキスト・ファイルを作成します：

```
apiVersion: v1
kind: Pod
metadata:
name: demo
spec:
containers:
- name: testpod
image: alpine:3.5
command: ["ping", "8.8.8.8"]
```

   これは1つのコンテナーが入ったポッドの記述であり、8.8.8.8への単なるping送信を分離させています。

4. ターミナルで、pod.yamlを作成した場所に移動し、次のようにしてポッドを作ります：

```
kubectl apply -f pod.yaml
```

5. ポッドが問題なく動作していることを確認します：

```
kubectl get pods
```

   次のように表示されるはずです：

```
NAME READY STATUS  RESTARTS AGE
demo 1/1   Running 0        4s
```

6. ping処理で期待されるログが得られていることを確認します：

```
kubectl logs demo
```

正常なping処理の出力が表示されるはずです：

```
PING 8.8.8.8 (8.8.8.8): 56 data bytes
64 bytes from 8.8.8.8: seq=0 ttl=37 time=21.393 ms
64 bytes from 8.8.8.8: seq=1 ttl=37 time=15.320 ms
64 bytes from 8.8.8.8: seq=2 ttl=37 time=11.111 ms
...
```

7. 最後に、テストのポッドを取り壊します：

```
kubectl delete -f pod.yaml
```

3-1-3. Heroku CLI

次にHeroku CLIのヘルプを見てみましょう。Herokuはアプリケーションを動かすPaaSのサービスで、それをコマンド・ラインのインターフェイス（CLI：Command Line Interface）から扱うソフトウェアがHeroku CLIです。CLIなのでヘルプはテキストのみで表示されます。

以下は、Heroku上のアプリ一覧を表示するためのコマンド「heroku apps」の使い方を知りたいと思い、「heroku apps --help」とヘルプを呼び出したときの表示です。使い方やオプションといった見出しが付けられ、簡潔な文で説明されています。

```
Alist your apps

USAGE
 $ heroku apps

BOPTIONS
 -A, --all include apps in all teams
 -p, --personal ①list apps in personal account when a default team is
set
```

```
 -s, --space=space ②filter by space
 -t, --team=team team to use
 --json ③output in json format

EXAMPLES
 $ heroku apps
 === My Apps
 example
 example2

 === Collaborated Apps
 theirapp other@owner.name
```

（取得元[3]）

語彙・表現解説

サンプル内の語彙や表現の解説です。

① list［動詞］一覧表示する
- 前提英単語100。ここは名詞（リスト）ではなく、動詞である点に注意

② filter［動詞］絞り込む Ba
- byは「～で」の意味で、絞り込む基準を表す

③ output［動詞］出力する Ba

ポイント解説

サンプル内のポイント解説です。

A list your apps

コマンドの概要が短く書かれています。文頭でも小文字で書かれている点に注意してください。文頭の小文字化は一般的な慣習ではなく、このヘルプに見られる特徴です。

B OPTIONS

オプションの説明です。コマンドではオプションを付ける（例：「heroku apps --all」）ことでさまざまな処理が可能になります。そのためこの部分を読み取ることが重要になります。

和訳

続いてサンプルの和訳です。

```
自分のアプリを一覧表示する

使い方
 $ heroku apps

オプション
 -A, --all すべてのチームのアプリを含める
 -p, --personal デフォルト・チームが設定されている場合、個人アカウントのアプリを一覧表示する
 -s, --space=スペース名 スペースで絞り込む
 -t, --team=チーム名 使用するチーム
 --json JSON形式で出力

例
 $ heroku apps
 === 自分のアプリ
 example
 example2

 === 協働しているアプリ
 theirapp other@owner.name
```

3-1-4. 使用許諾契約（GitHub Marketplace）

最後にGitHubの「Marketplace」の使用許諾契約です。Marketplaceは、GitHub上で使えるツールを公開できる場所で、それを利用したいデベロッパー向けに書かれています。原文は長いので、一部を抜粋してあります。

まずは実際のサンプルを見てみましょう。使用許諾契約には法律的な用語や表現が頻繁に出てきます。普段から読み慣れていないと理解するのは難しいはずです。こういったドキュメントは日本語で読んでも苦労するので、英語ですらすら読めなくてもがっかりする必要はありません。読める部分だけでもチャレンジしてみましょう。

A 1. DEFINITIONS

＜中略＞

"Developer" means you, and you are the company or individual who has created the software, content, and digital materials for use ①in connection with GitHub and accessible via Marketplace.

"Developer Application" or "Developer Product" means the Software, content and digital materials created by You for use in connection with GitHub and accessible via Marketplace and includes Actions.

＜中略＞

2.6 Developer ②acknowledges and agrees that GitHub [B]shall be ③entitled to provide [C]Developer's name, address and other contact details to any ④third party that ⑤reasonably, in GitHub's ⑥sole determination, claims that Developer does not possess all of the necessary intellectual property rights in or to the [C]Developer Products.

＜中略＞

9. ⑦INDEMNIFICATION

9.1 To the maximum ⑧extent permitted by applicable law, Developer agrees to defend, ⑨indemnify and ⑩hold harmless GitHub, its affiliates and their respective directors, officers, employees and agents from and against [D]any and all claims, actions, suits or ⑪proceedings, as well as any losses, liabilities, damages, costs and expenses (including reasonable attorneys' fees) ⑫arising from or relating to (a) Developer's use of the Marketplace in ⑬violation of this Agreement, the Terms or any applicable laws or ⑭regulations[E]; (b) Developer's Products that ⑮infringe any copyright, trademark, trade secret, patent or other intellectual property right of any third party; (c) any loss or ⑯disclosure of data or personal information by Developer Products; and (d) Developer's ⑰EULA (or ⑱ToS).

＜中略＞

17. EXPORT ⑲RESTRICTIONS

[F]DEVELOPER PRODUCTS ⑳DISTRIBUTED VIA MARKETPLACE MAY BE ㉑SUBJECT TO EXPORT CONTROLS OR RESTRICTIONS BY THE UNITED STATES OR OTHER COUNTRIES OR TERRITORIES. DEVELOPER AGREES TO COMPLY WITH ALL

APPLICABLE US AND INTERNATIONAL EXPORT LAWS AND REGULATIONS. THESE LAWS MAY INCLUDE RESTRICTIONS ON ㉒DESTINATIONS, CONTENT AND/OR END USERS.

＜後略＞

（取得元4）

語彙・表現解説

サンプル内の語彙や表現の解説です。

① in connection with ～
- 「～と関連して」という意味のイディオム

② acknowledge［動詞］認める、承認する

③ entitle［動詞］権利を与える

④ third party［名詞］サード・パーティー、第三者 Ad

⑤ reasonably［副詞］合理的に

⑥ sole［形容詞］単独の

⑦ indemnification［名詞］補償

⑧ extent［名詞］範囲、程度

⑨ indemnify［動詞］補償する

⑩ hold harmless
- 「免責する」、「損害を与えない」という意味

⑪ proceeding［名詞］訴訟手続き（法律用語）

⑫ arising from ～
- ～から生じる、～が原因となる

⑬ violation［名詞］違反

⑭ regulation［名詞］規則、規制

⑮ infringe［動詞］侵害する

⑯ disclosure［名詞］開示、公開

⑰ EULA［名詞］End User License Agreement（エンド・ユーザー使用許諾契約）のこと

⑱ ToS［名詞］Terms of Service（サービス利用規約）のこと

⑲ restriction［名詞］制限 Ad
⑳ distribute［動詞］分散する、配布する Ad
㉑ be subject to ～
- ～を受ける

㉒ destination［名詞］目的地、～先（移動先など） Ad

ポイント解説

次に、サンプルのポイントを解説します。

A 用語の定義

使う言葉のあいまいさをなくすために、最初に用語が定義されます。用語は普通、頭文字が大文字で書かれます（「Developer」など）。

B 助動詞shall

規則や義務を表し、日本語では「～するものとする」といった言葉が用いられます。

C Developer／Developer Product

定義された言葉なので、大文字で始まっています。

D any and all

「あらゆる」や「すべての」の意味です。法的なドキュメントでは、同じ意味の言葉を重ねて書くことがあります。

E セミコロン（;）

セミコロンは通常、カンマ（,）よりも大きな区切りで使われます。またサンプルのように文中で（a）や（b）といった見出し記号が入っている場合、セミコロンで区切られることがあります。

F すべて大文字の文

特に重要と考える項目は、すべて大文字の文で書かれることがあります。

和訳

最後にサンプルの和訳を確認しましょう。

1. 定義

＜中略＞

「デベロッパー」とはあなたを意味し、あなたはGitHubと関連づけて利用し、かつMarketplace経由で入手可能な、ソフトウェア、コンテンツ、およびデジタル資料を作成した企業または個人である。

「デベロッパー・アプリケーション」または「デベロッパー・プロダクト」とは、GitHubと関連づけて利用し、かつMarketplace経由で入手可能な、あなたが作成したソフトウェア、コンテンツ、およびデジタル資料のことであり、Actionを含む。

＜中略＞

2.6 デベロッパー・プロダクトで必要なすべての知的財産権をデベロッパーが所有しているわけではないと、GitHub単独の判断により合理的と思われる主張をする第三者に対し、デベロッパーの名前、住所、およびその他の連絡先情報を提供する権利がGitHubに与えられるものとすることを、デベロッパーは承認および合意する。

（※著者注：構文が複雑なので意味を把握するのが難しいでしょう。簡単に言うと「たとえば『自分の製品が不正コピーされた』と主張する人がいて、その主張が合理的だとGitHubが考えれば、あなたの情報をその人に渡します。それに合意してください」という意味になります）

＜中略＞

9. 補償

9.1 適用法で許可される最大限の範囲で、（a）本契約、条件、またはあらゆる適用法もしくは規則に違反する形でのデベロッパーによるMarketplaceの利用、（b）第三者の著作権、商標権、営業秘密、特許権、またはその他の知的財産権を侵害するデベロッパー・プロダクト、（c）デベロッパー・プロダクトによるデータまたは個人情報の遺失または開示、および（d）デベロッパーのEULA（またはToS）が原因となるか関係する、あらゆる請求、措置、訴訟、または訴訟手続き、ならびにあらゆる損失、責任、損害、コスト、および費用（合理的な弁護士費用を含む）から、GitHub、その関係会社、ならびに各社の取締役、役員、従業員、および代理人を弁護、補償、および免責すると、デベロッパーは合意する。

＜中略＞

17. 輸出制限

Marketplace経由で配布されるデベロッパー・プロダクトは、アメリカ合衆国またはその他の国もしくは地域による輸出管理または制限を受ける可能性がある。デベロッパーは、適用されるアメリカ合衆国内外の輸出法および規則すべてに従うことに合意する。こういった法律には、目的地、コンテンツ、および／またはエンド・ユーザーに関する制限が含まれることがある。

＜後略＞

3-2. マニュアル／ヘルプ英語の特徴

マニュアル／ヘルプで使われる英語はどのような特徴があるのか確認します。

3-2-1. ドキュメント全体の特徴

このドキュメント・タイプのポイントについて見てみましょう。

操作手順の見出しは動詞

マニュアル／ヘルプはドキュメントの性質上、概念的な説明（例：このアプリは何か）に加え、操作手順が多く出現します。ユーザーもそれを知りたいと期待してマニュアルやヘルプを参照することも多いはずです。

操作手順の見出しには「動詞」がよく使われます。操作は動作で示されるからです。Android Studio（3-1-1）のサンプルでは「Create a new layout」、Docker（3-1-2）のサンプルでは「Enable Kubernetes」と、共に動詞原形が用いられていました。動詞から始まっていますが、命令文ではないので注意が必要です。動詞原形以外にも、to不定詞（例：To create ～）や動名詞（例：Creating ～）もよく用いられます。

知りたい操作がある場合は、動詞に注目して見出しを読むようにしましょう。

「follow＋コロン」の後に手順や項目列挙

マニュアル／ヘルプには、followという言葉とコロン（:）が一緒に出てきます。これは直後に手順を説明したり項目を列挙したりするのに使われます。Android Studioのサンプルでも Dockerのサンプルでも「following」が見られました。followingは形容詞で「以下の」や「次の」、名詞で「以下のもの」や「次のもの」という意味になります。さらに動詞followを使った「as follows」の例も併せて挙げます。

- 形容詞
  - Use the following command to start:

- 名詞（単数形でしか使わない）
    - To open the editor, do one of the following:
    - The following are the available options:
        - この用法の場合、動詞は補語のoptions（複数）に合わせてareとする

- 動詞
    - Set up your environment as follows:
    - Create a user account as follows:
        - 「以下のように」という意味

「follow＋コロン」の直後に続くのが手順の場合は番号付きリスト（例：1. Click ～）、項目列挙の場合は番号なしリスト（例：・Apple）が用いられるのが通例です。ただしそれに合致しない例もよく見かけるので、記述内容から判断してください。

指示文の特徴

手順の各ステップでは、ユーザーに操作を指示する文が書かれます。そういった指示文には特徴がいくつかあります。

命令形で簡潔に

ユーザーに対する指示は命令形です（例：Press the button to ～）。一般的にpleaseという言葉は付けません。pleaseなしでは失礼なのではと思いがちですが、英語マニュアルでは簡潔に済ませるのが慣習です。

場所、目的、条件などが先に

Android Studio（3-1-1）のサンプルでは「In the Project window, ～」と「場所」が先に書かれている指示文が、Docker（3-1-2）のサンプルでは「In order to ～,」と「目的」が先に書かれている指示文がありました。このように指示文ではいきなり指示を書くのではなく、場所、目的、条件などが文頭に置かれます。

たとえば、まず操作指示（例：click this button）をし、その後に目的（例：in order to delete）や条件（例：if you want to delete）が書かれているとします。この場合、目的や条件の部分まで読み進める前に、ユーザーが操作（click）を実行してしまう可能性があります。削除など取り返しが付かない操作だと、ユーザーは困ってしまいます。そのため目的や条件が文の最初に置かれます。これは英語でマニュアル／ヘルプを書く際にも大事なポイントになります。

ユーザーはyouやyourで

マニュアル／ヘルプのユーザーは「you」で指し示し、そのユーザーが所持する物や情報には「your」が用いられます（例：your password）。

UI要素はボールドで

ボタン名やメニュー項目などのUI要素はボールドで表示されます。たとえばAndroid Studio（3-1-1）のサンプルの最後には以下の文があり、「File」などのUI要素はすべてボールドで表示されています。

> In the main menu, select **File** > **New** > **XML** > **Layout XML File.**

なお日本語ではよくかぎかっこ（「」）や角かっこ（［］）でUI要素が囲まれます。

連続操作は「>」

メニューから何かを選んで連続操作する際は「>」という記号が用いられます。直前に示したUI要素のサンプルでも「>」が用いられています。またDocker（3-1-2）のサンプルにあるように、ハイフンと合わせて「->」という記号も頻繁に登場します。一方、日本語では矢印（例：→）が一般的です。

3-2-2. 操作指示動詞15

マニュアル／ヘルプでは、ユーザーや読者に対する指示の表現が頻出します。そういった指示が確実に読み取れるよう、とりわけマニュアル／ヘルプで使われる動詞15個を挙げてみます。すべてプログラミング必須英単語600+に掲載されています。

語	意味	補足
choose	選択する	selectと比べると日常語に近い
click Ba	クリックする	
configure Ad	構成する、設定する	
contact Ad	連絡する	管理者などへの連絡の場面で
create	作成する	
edit Ba	編集する	
enable Ad	可能にする、有効にする	
enter Ba	入力する	
install Ba	インストールする	

語	意味	補足
launch Ad	起動する、開始する	
open	開く	
run	実行する	
select Ba	選択する	特にメニューから選ぶ際に用いられる
specify Ba	指定する	
use	使う	

3-3. 使用許諾契約英語の特徴

続いて、使用許諾契約で使われる英語の特徴です。

3-3-1. ドキュメント全体の特徴

使用許諾契約というドキュメントにも、いくつか特徴があります。

最初に用語を定義

ドキュメントの最初に用語が定義されます。GitHub Marketplace（3-1-4）のサンプルでは「Developer」や「Developer Product」が何であるのか定義されていました。これによって言葉のあいまいさを減らし、読む人が同じように理解できるようにしています。定義された用語は、単語の1文字目が大文字になることが一般的です。

助動詞が意味を持つ

「shall」という助動詞は、日常英語で見かけることはあまりありません。しかし使用許諾契約のような法律文書では頻繁に用いられ、「規則」や「義務」といった意味を持ちます。日本語では「〜するものとする」や「〜しなければならない」のようなニュアンスになります。shallが使われていたら注意を払いましょう。

また「will」にはshallよりも弱い義務性（や単純未来）があり、「may」には「〜できる」という許可や権利のニュアンスがあります。

重要な部分は大文字で

サンプルにもあったように、特に重要な項目はすべて大文字の文で書かれます。「DEVELOPER PRODUCTS DISTRIBUTED VIA MARKETPLACE ～」の部分です。大文字だと読みにくいですが、大事な内容が書かれているので慎重に読むようにしましょう。

区切りのレベルがある

項目を並べる際、普通はカンマ（,）で区切ります。しかしそれより大きく区切りたいときはセミコロン（;）を使います。あいまいな解釈をなくしたい使用許諾契約ではよく用いられます。たとえば次のような区切りのレベルです。

```
a, b, and c; A, B, and C; and 1, 2, and 3
```

この場合、a～c、A～C、1～3がそれぞれグループを形成し、それらがandで結ばれている関係になります。

3-3-2. 頻出表現10

続いて、使用許諾契約によく出る表現を10個見てみましょう。5語にも及ぶ長い定型表現もあります。

表現	意味
arise out of ～	～から生じる
be responsible for ～	～に責任を負う
be subject to ～	～に従う、～を条件とする、～を受けやすい
from time to time	適宜に、その都度
in accordance with ～	～に従い
in connection with ～	～に関して
including but not limited to ～	～を含むが、これに限定されず
reserve the right to ～	～する権利を留保する
to the extent ～	～の範囲において
with respect to ～	～に関して

3-3-3. 頻出英単語25

最後に使用許諾契約で頻出する単語を紹介します。法律用語に近いためプログラミング必須英単語600+に含まれているのはそれほど多くありません（前提英単語100は*で表す）。

語	品詞	意味	補足
acknowledge	動詞	認める、承認する	
agree *	動詞	合意する	
agreement	名詞	合意、契約	
applicable Ad	形容詞	適用の	
claim	動詞	請求する	
comply	動詞	従う	
confidential	形容詞	秘密の	
consent	動詞	同意する	
dispute	名詞	紛争	
expressly	副詞	明示的に	
jurisdiction	名詞	（裁判の）管轄権	
liability	名詞	責任	
licensor	名詞	ライセンサー	ライセンスを与える側
limitation	名詞	制限	
notice Ba	名詞	通知	
provide Ba	動詞	規定する	600+では「提供する」で
provision Ad	名詞	条項、規定	600+では「プロビジョニング」で
responsible	形容詞	責任を負った	
right	名詞	権利	
sole	形容詞	単独の、独占的な	
solely	副詞	単独で、独占的に	

語	品詞	意味	補足
terminate Ad	動詞	終了する	
termination Ad	名詞	終了	
terms Ad	名詞	条件	termsと複数形で使う点に注意
third party Ad	名詞	サード・パーティー	

3-4. 例題

マニュアル／ヘルプに関する例題です。プログラミング英語検定の出題形式になっています。「語彙」、「読解／文法」、「英作文」のカテゴリー別で、ベーシックとアドバンストの2レベルに分かれています。

語彙

ベーシック

【1】マニュアルに次の記述があった。下線の英語に対応する日本語として最も適切なのはどれか？

You can set custom <u>environment</u> variables in this file.

A. 環境　B. 局所　C. 構成　D. 大域

【2】マニュアルに次の記述があった。下線の英語に対応する日本語として最も適切なのはどれか？

This chapter describes how to <u>manage</u> event notifications.

A. 管理する　B. 制限する　C. 操作する　D. 送信する

【3】マニュアルに次の記述があった。下線の英語に対応する日本語として最も適切なのはどれか？

Stop the <u>screen</u> recording by clicking **Stop**.

A. 映像　B. 音声　C. 画面　D. 自動

【4】使用許諾契約に次の記述があった。下線の英語に対応する日本語として最も適切なのはどれか？

To close your account, please <u>submit</u> a support request.

A. 依頼する　B. 確定する　C. 提出する　D. 受信する

【5】マニュアルに次の記述があった。下線の日本語に対応する英語として最も適切なのはどれか？

最初に、ローカルのホストに<u>接続します</u>。

A. add　B. append　C. connect　D. open

【6】マニュアルに次の記述があった。下線の日本語に対応する英語として最も適切なのはどれか？

詳細は<u>開発者</u>向けドキュメントをご覧ください。

A. administrator　B. creator　C. developer　D. user

【7】マニュアルに次の記述があった。下線の日本語に対応する英語として最も適切なのはどれか？

これには以下の<u>手順</u>を実行します：

A. handles　B. instructions　C. orders　D. steps

アドバンスト

【8】マニュアルに次の記述があった。下線の英語に対応する日本語として最も適切なのはどれか？

You can also implement high <u>availability</u> solutions.

A. 移植性　B. 可用性　C. 信頼性　D. 耐久性

【9】マニュアルに次の見出しがあった。下線の英語に対応する日本語として最も適切なのはどれか？

Monitoring <u>latency</u> between hosts

A. 距離　B. 送受信　C. 統合　D. 待ち時間

【10】マニュアルに次の記述があった。下線の日本語に対応する英語として最も適切なのはどれか？

カスタマー・サポートにはこちらから<u>連絡する</u>ことができます。

A. contact　B. send　C. ship　D. visit

【11】マニュアルに次の記述があった。下線の日本語に対応する英語として最も適切なのはどれか？

このセクションでは、プロセスの<u>概要</u>を説明します。

A. concept　B. detail　C. flow　D. overview

【12】使用許諾契約に次の記述があった。下線の日本語に対応する英語として最も適切なのはどれか？

知的財産権には、特許権、商標権、<u>著作権</u>などが含まれる。

A. authority　B. copyright　C. patent right　D. trademark right

【13】マニュアルに次の記述があった。(ア)に入る英語として最も適切なのはどれか？

To receive an email when the alarm is (ア), click **Send Notification**.

A. built　B. recovered　C. set　D. triggered

読解／文法

ベーシック

【14】マニュアルに次の記述があった。この内容について最も適切なものを選べ。

For more information about how to edit an account, see the following website:
www.example.com/12345

A. 示されたウェブサイトでアカウントを作成するには、フォローが必要である
B. 示されたウェブサイトにアクセスすると、アカウントを編集できる
C. 示されたウェブサイトを見ると、アカウント作成方法の詳細が分かる
D. 示されたウェブサイトを見ると、アカウント編集方法の詳細が分かる

【15】マニュアルに次の記述があった。この内容について最も適切なものを選べ。

The options shown in the menu vary depending on your operating system.

A. OSに依存するオプションはメニューに表示できない
B. オプション・メニューの表示はOSに大きく影響される
C. オプション・メニューの表示はOSによっては実行できない
D. メニューに表示されるオプションはOSによって異なる

【16】Googleスプレッドシートなどのウェブ・アプリケーション上で動作するGoogle Apps Scriptのガイドに、実行ログ取得方法に関する記述があった。これと内容が合致するのはどれか？

> **Basic logging**
>
> A basic approach to logging in Apps Script is to use the built-in Logger. Logs created this way can be viewed by selecting **View** > **Logs** in the script editor. These logs are intended for simple checks during development and debugging, and do not persist very long.

（取得元**5**）

A. Loggerを使うには別途インストールが必要である
B. ログは簡易的な確認を目的としている
C. ログはスクリプト・エディターからは閲覧できない
D. ログは非常に長い期間保存される

アドバンスト

【17】統合開発環境であるVisual Studio Code（VS Code）のマニュアルに、ファイルの保存方法に関して次の記述があった。これと内容が合致するのはどれか？

> **Save / Auto Save**
>
> By default, VS Code requires an explicit action to save your changes to disk, `Ctrl+S`.
>
> However, it's easy to turn on `Auto Save`, which will save your changes after a configured delay or when focus leaves the editor. With this option turned on, there is no need to explicitly save the file. The easiest way to turn on `Auto Save` is with the **File** > **Auto Save** toggle that turns on and off save after a delay.
>
> For more control over `Auto Save`, open User or Workspace settings and find the associated settings:

- **`files.autoSave`**: Can have the values:
  - **`off`** - to disable auto save.
  - **`afterDelay`** - to save files after a configured delay (default 1000 ms).
  - **`onFocusChange`** - to save files when focus moves out of the editor of the dirty file.
  - **`onWindowChange`** - to save files when the focus moves out of the VS Code window.
- **`files.autoSaveDelay`**: Configures the delay in milliseconds when files.autoSave is configured to afterDelay. The default is 1000 ms.

（取得元**6**）

A. VS Codeのウィンドウからフォーカスが外れると自動保存するよう設定できる

B. 自動保存をオンにするには、必ずユーザー設定またはワークスペース設定から実行する

C. 自動保存をオンにすると、ユーザーによる明示的な保存操作ができなくなる

D. 自動保存が実行されるまでの遅延時間は指定できない

【18】統合開発環境であるAndroid Studioのマニュアルに、アプリをインポートした後のバージョン管理システム（VCS）の構成方法に関して次の記述があった。これと内容が合致するのはどれか？

Configure version control

Android Studio supports a variety of version control systems, including Git, GitHub, CVS, Mercurial, Subversion, and Google Cloud Source Repositories.

After importing your app into Android Studio, use the Android Studio VCS menu options to enable VCS support for the desired version control system, create a repository, import the new files into version control, and perform other version control operations:

1. From the Android Studio VCS menu, click **Enable Version Control Integration**.
2. Select a version control system to associate with the project root from the drop down menu, then click **OK**. The VCS menu now displays a number of version control options based on the system you selected.

> **Note**: You can also use the **File > Settings > Version Control** menu option to set up and modify the version control settings.
>
> For more information about working with Version Control see *IntelliJ Version Control Reference.*

（取得元[7]）

A. 「IntelliJ Version Control Reference」でバージョン管理について解説されている

B. いったんバージョン管理の設定をしたら変更できない

C. バージョン管理システムの設定はアプリをインポートする前に済ませておく

D. バージョン管理システムとしてMercurialやSubversionはサポートされていない

【19】統合開発環境であるAndroid Studioのマニュアルで、翻訳エディターの訳文フィールドでテキストを編集する方法が解説されていた。(ア)～(エ)に入る英語として最も適切なのは、候補のうちそれぞれどれか？　各単語は1回のみ選べるものとする。

> **Translation field**
>
> To edit or add text, do the (ア):
>
> 1. In the list view, single-click the cell where you want to edit or add text.
> 2. In the **Translation** field, do a keyboard copy-paste, or if you have a keyboard that (イ) diacritic marks, (ウ) directly into the **Translation** field.
> 3. **Tab** or move the cursor (エ) of the field.

（取得元[8]）

following　　manually　　out　　removes　　supports　　type

英作文（アドバンストのみ）

【20】マニュアルの説明を英語で書きたい。日本語に合うよう、(ア)～(カ)に入る適切な英単語を選んで英文を作れ。ただし文頭に入る語も小文字としてある。各単語は1回のみ選べるものとする。

> お使いのサーバーを手動で構成するには、以下の手順を実行します：

> To (ア) (イ) server (ウ), (エ) the (オ) (カ):

as	configure	following	hands
manually	perform	steps	your

解答

正解とその解説です。

【1】A. 環境

environmentはベーシック300に含まれる「環境」という名詞。「custom environment variables」で「カスタムの環境変数」。

【2】A. 管理する

manageはベーシック300に含まれる「管理する」という動詞。describeは「説明する」（前提英単語100）、notificationは「通知」（アドバンスト300）の意味。

【3】C. 画面

screenはベーシック300に含まれる「画面」という名詞。「screen recording」で画面記録（録画）の意味。

【4】C. 提出する

submitはベーシック300に含まれる「提出する、送信する」という動詞。

【5】C. connect

connectはベーシック300に含まれる「接続する」という動詞。appendは「追加する」の意味（アドバンスト300）。

【6】C. developer

developerはベーシック300に含まれる「開発者」という名詞。creatorは「制作者」、administratorは「管理者」（アドバンスト300）。

【7】D. steps

stepはベーシック300に含まれる「手順、ステップ」という名詞（一連の手順のうちの1段階のこと）。handleは「ハンドル」、instructionは「指示」（ベーシック300）、orderは「命令」のこと。

【8】B. 可用性

availabilityはアドバンスト300に含まれる「可用性」という名詞。選択肢の移植性は「portability」、信頼性は「reliability」、耐久性は「durability」。

【9】D. 待ち時間

latencyはアドバンスト300に含まれる「待ち時間」という名詞。

【10】A. contact

contactはアドバンスト300に含まれる「連絡する」という動詞。名詞の場合は「連絡先」となる。なおshipには「発送する」という意味がある。

【11】D. overview

overviewはアドバンスト300に含まれる「概要」という名詞。

【12】B. copyright

copyrightはアドバンスト300に含まれる「著作権」という名詞。選択肢のauthorityは「権威」、patent rightは「特許権」、trademark rightは「商標権」。

【13】D. triggered

triggerはアドバンスト300に含まれる「トリガーする」（何かを引き起こさせる）という動詞。問題文は「アラームがトリガーされた際にメールを受信するには、『通知を送信』をクリックします」という意味。

【14】D. 示されたウェブサイトを見ると、アカウント編集方法の詳細が分かる

「For more information about ～」は「～に関する詳細については」という定型表現。「how to edit」は「どのように編集するか」なので、「編集方法」の意味となる。「following」は「以下の」や「次に示す」。

【15】D. メニューに表示されるオプションはOSによって異なる

主語は「The options shown in the menu」（メニューに表示されるオプション）で、動詞はvary（変わる、多様である）。「depending on ～」は「～に応じて、～によって」の意味。

【16】B. ログは簡易的な確認を目的としている

問題文を日本語にすると以下のようになる。

基本的なログ取り

Apps Scriptでログを取る基本的なアプローチは、組み込みのLoggerを使うものです。この方法で作成したログは、スクリプト・エディターで「View」→「Logs」と選択すれば閲覧できます。こういったログは開発中およびデバッグ中における簡易なチェックを意図しており、あまり長期間残るわけではありません。

表現解説：

- log［名詞／動詞］ログ／ログを取る（ベーシック300）
- intended for ～：～を意図した、～用の
- persist［動詞］残る、永続する（名詞persistenceは「永続化」の意味でアドバンスト300）

間違い選択肢解説：

- A. Loggerを使うには別途インストールが必要である → 組み込み（built-in）である。
- C. ログはスクリプト・エディターからは閲覧できない → スクリプト・エディターの「View > Logs」で可能。
- D ログは非常に長い期間保存される → 長期間は残らない。

【17】A. VS Codeのウィンドウからフォーカスが外れると自動保存するよう設定できる

問題文を日本語にすると以下のようになる。

保存／自動保存

デフォルトでは、VS Codeでは変更内容をディスクに保存する明示的な操作（Ctrl+S）が必要です。

しかし自動保存をオンにするのは簡単で、これにより、設定した遅延時間後や、エディターからフォーカスが外れたときに変更内容がされます。このオプションをオンにしておけばファイルを明示的に保存する必要はありません。自動保存をオンにする一番簡単な方法は「File」→「Auto Save」の切り替えで、これで遅延時間後の保存がオンまたはオフにされます。

自動保存をさらに細かく制御するには、ユーザー設定またはワークスペース設定を開き、以下の関係する設定を見つけます：

- `files.autoSave`：以下の値を保持可能：
    - `off` - 自動保存を無効にする。

> - `afterDelay` - 設定した遅延時間（デフォルトで1000ミリ秒）の後にファイルを保存する。
> - `onFocusChange` - ダーティーなファイルを開いているエディターからフォーカスが外れたらファイルを保存する。
> - `onWindowChange` - VS Codeのウィンドウからフォーカスが外れたらファイルを保存する。
>
> - **`files.autoSaveDelay`**：「files.autoSave」が「afterDelay」に設定されている場合の遅延時間をミリ秒で設定する。デフォルトは1000ミリ秒。

表現解説：

- explicit［形容詞］明示的な
- delay［名詞］遅延時間
- toggle［名詞］切り替え（動詞「切り替える」はアドバンスト300）
- dirty［形容詞］ダーティーな（未保存の変更がある状態。まれにしか使われない言葉）

間違い選択肢解説：

- B. 自動保存をオンにするには、必ずユーザー設定またはワークスペース設定から実行する → 「File > Auto Save」の切り替えで可能。
- C. 自動保存をオンにすると、ユーザーによる明示的な保存操作ができなくなる → 明示的な保存の必要がないとはあるが、できないとは書いていない。
- D. 自動保存が実行されるまでの遅延時間は指定できない → 遅延時間はミリ秒単位で指定できる。

【18】A. 「IntelliJ Version Control Reference」でバージョン管理について解説されている

問題文を日本語にすると以下のようになる。

> **バージョン管理を構成する**
>
> Android Studioは、Git、GitHub、CVS、Mercurial、Subversion、およびGoogle Cloud Source Repositoriesを含め、さまざまなバージョン管理システムをサポートしています。

アプリをAndroid Studioにインポートした後でAndroid Studio VCSメニューのオプションを使って、希望のバージョン管理システムに対するVCSサポートを有効にしたり、リポジトリーを作成したり、新規ファイルをバージョン管理下にインポートしたり、その他のバージョン管理操作を実行したりします：

1. Android StudioのVCSメニューで、「Enable Version Control Integration」をクリックします。
2. プロジェクトのルートと関連づけるバージョン管理システムをドロップダウン・メニューから選択し、続いて「OK」をクリックします。選択したシステムに応じて、いくつものバージョン管理オプションがVCSのメニューに表示されるようになります。

注：「File」→「Setting」→「Version Control」メニュー・オプションを使っても、バージョン管理設定をセットアップおよび変更できます。

バージョン管理の使用に関する詳細情報は、「IntelliJ Version Control Reference」を参照してください。

表現解説：

- modify［動詞］修正する、変更する（アドバンスト300）

間違い選択肢解説：

- B. いったんバージョン管理の設定をしたら変更できない →「Version Control」メニュー・オプションで変更できるとある。
- C. バージョン管理システムの設定はアプリをインポートする前に済ませておく → アプリをインポートした後で（After importing ...）とある。
- D. バージョン管理システムとしてMercurialやSubversionはサポートされていない → どちらもサポート対象である。

【19】（ア）following、（イ）supports、（ウ）type、（エ）out

選択肢解説：

- ア：直後にコロンがあるため「以下の」といった語が推測できる。ここのfollowingは名詞である。
- イ：a keyboardが主語の関係代名詞なので、選択肢から三人称単数現在形の動詞supportsかremovesが候補だが、意味的にsupport（対応する、サポートする）が適当。なおdiacritic markとは発音区別記号（aを区別するためのàやâなどに付く記号）のこと。

- ウ：指示文であるため、命令形の動詞が入ると推測できる。typeは名詞では「型」だが動詞では「（キーボードで）入力する」意味があるので、文脈に合致する。
- エ：フィールドからカーソルを外すのでoutが適当。なおtabは動詞で「Tabキーを使う」。

【20】（ア）configure、（イ）your、（ウ）manually、（エ）perform、（オ）following、（カ）steps

選択肢解説：

- ア：「構成する」に該当する動詞はconfigure（アドバンスト300）。なおmanuallyも入れられるが、ここ（またはイ）で使うと文が完成しない。
- イ：名詞serverの前なので、冠詞、形容詞、所有格代名詞などが入る。選択肢中ではyour（お使いの）が適当。
- ウ：日本語に「手動で」とあるので、副詞のmanually（アドバンスト300）。
- エ：命令文なので動詞が入る。「実行する」の意味なのでperform（ベーシック300）。
- オ：「以下の」なので形容詞のfollowing（ベーシック300）。
- カ：step（ベーシック300）は手順内の各ステップを指すので、複数形。
- なお、選択肢asは「as follows:」といった形でマニュアルでよく用いられる。

注

1：https://developer.android.com/studio/write/layout-editor （Apache 2.0ライセンスに基づき改変して利用。Used with modification based on Apache 2.0 License. 2020-01-21参照）
2：https://github.com/docker/docker.github.io/blob/master/get-started/index.md#enable-kubernetes （Apache 2.0ライセンスに基づき利用。2020-01-23参照）
3：https://github.com/heroku/cli （ISCライセンスに基づき利用。2020-02-09参照）
4：https://github.com/github/site-policy/blob/master/Policies/github-marketplace-developer-agreement.md （CC0-1.0ライセンスに基づき利用。2020-01-22参照）
5：https://developers.google.com/apps-script/guides/logging#basic_logging （CC BY 4.0ライセンスに基づき改変して利用。Used with modification based on CC BY 4.0 License. 2020-01-30参照）
6：https://github.com/microsoft/vscode-docs/blob/master/docs/editor/codebasics.md#save--auto-save （CC BY 3.0 USライセンスに基づき改変して利用。Used with modification based on CC BY 3.0 US License. 2020-01-21参照）
7：https://developer.android.com/studio/intro/migrate#configure_version_control （Apache 2.0ライセンスに基づき改変して利用。Used with modification based on Apache 2.0 License. 2020-01-30参照）

8：https://developer.android.com/studio/write/translations-editor?hl=en#translation-field
（Apache 2.0ライセンスに基づき改変して利用。Used with modification based on Apache 2.0 License. 2020-01-30参照）

第4章 ユーザー・インターフェイス（UI）

ユーザー・インターフェイス（UI）は、ユーザーがコンピューターと対話する部分のことです。マウス操作やタッチ操作で対話するものはグラフィカル・ユーザー・インターフェイス（GUI）、コマンドなど文字入力で対話するものはキャラクター・ユーザー・インターフェイス（CUI）と呼ばれます。

たとえば統合開発環境（IDE）を使ってプログラミングをする場合、ボタンやメニュー項目といった要素上や、コンソール内に表示される英語テキストを読みます。

では、実際のサンプルを確認しましょう。

4-1. サンプルと解説

4-1-1. IntelliJ IDEA（Community Edition）

まずはGUIのサンプルです。

IntelliJ IDEA（Community Edition）はIDEで、Androidアプリの開発などに用いられます。このソフトウェアで表示されるさまざまな英語UIテキストを見てみましょう。画像はすべてMac版（2019.3.2）から引用しています。

起動後に「File」メニューを開くと、以下のような項目が表示されます。

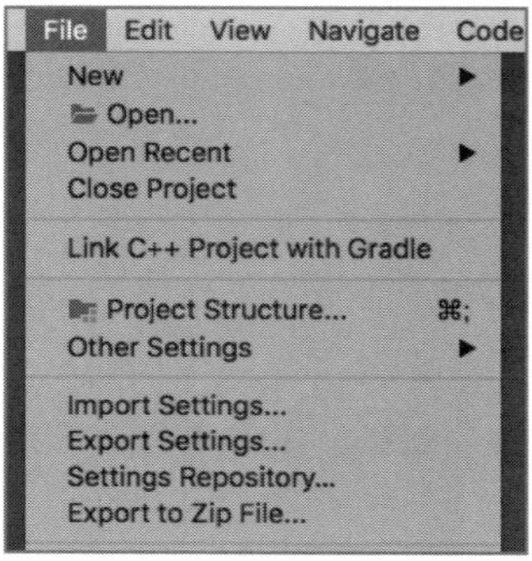

表示されているテキストは以下のとおりです。

New
AOpen...
Open Recent
Close Project
Link C++ Project with Gradle
Project Structure...
Other Settings
Import Settings...
Export Settings...
Settings ①Repository...
BExport to Zip File...

(取得元[1])

次にコード補完に関する設定メニューを開いてみます。以下の画面が表示されます。

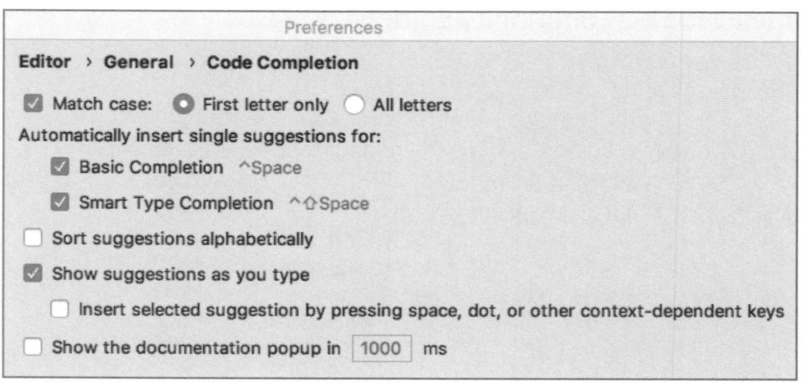

こちらもウィンドウ内のテキストをまとめます。

Editor > General > Code ②Completion

☑ Match ③case: ◎ First ④letter only ○ All letters
C Automatically insert single suggestions for:
☑ Basic Completion
☑ Smart Type Completion
☐ Sort suggestions alphabetically
☑ Show suggestions as you ⑤type
☐ Insert selected suggestion by pressing space, dot, or other context-dependent keys
☐ Show the documentation popup ⑥in [1000] ms

（取得元[1]）

また「Android Support」というプラグインを無効にしようとすると以下のメッセージが表示されます。

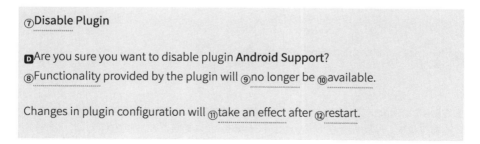

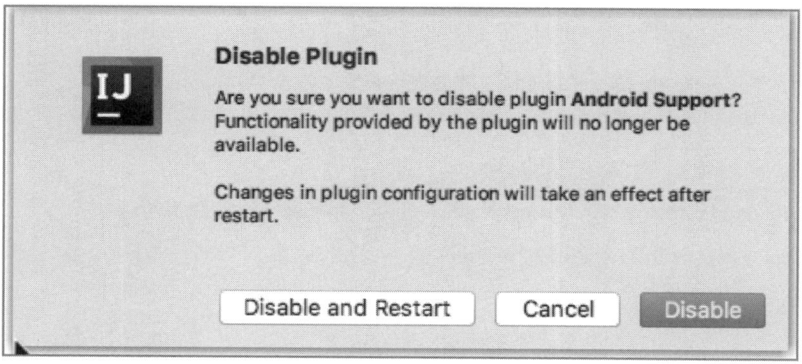
IJ
Disable Plugin
Are you sure you want to disable plugin Android Support?
Functionality provided by the plugin will no longer be available.
Changes in plugin configuration will take an effect after restart.
Disable and Restart
Cancel
Disable

テキストは次のとおりです。

⑦Disable Plugin

D Are you sure you want to disable plugin **Android Support**?
⑧Functionality provided by the plugin will ⑨no longer be ⑩available.

Changes in plugin configuration will ⑪take an effect after ⑫restart.

[E Disable and Restart] [Cancel] **[Disable]**

(取得元[1])

さらに、エラーが発生すると次のようなメッセージが表示されることがあります。

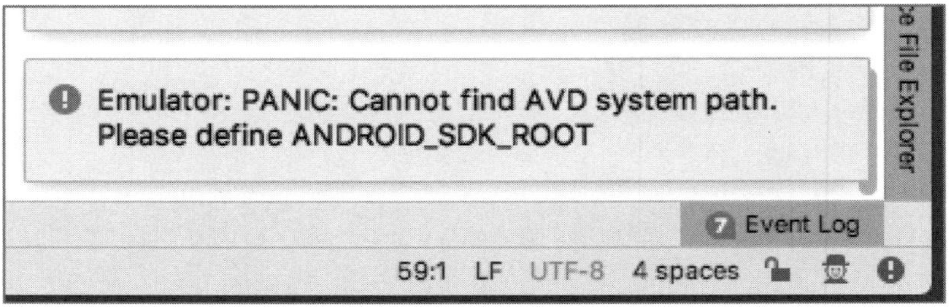

メッセージ部分は次のとおりです。

F (!) Emulator: PANIC: G Cannot find AVD system path.

H Please ⑬define ANDROID_SDK_ROOT

(取得元[1])

続いてファイルをダウンロードしている際の表示を見てみます。

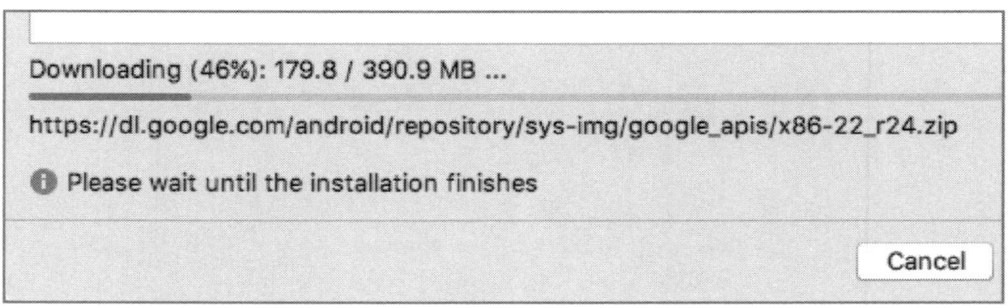

メッセージ部分のテキストはこうなっています。

Downloading (46%): 179.8 / 390.9 MB ...

I (i) Please ⑭wait until the installation finishes

(取得元[1])

またIDE内で別のソフトウェアをインストールする際に、使用許諾契約が表示されることもあります。写真右側の「Terms and Conditions」で始まる部分です。

こういった使用許諾契約の読み方については、第3章を参照してください。

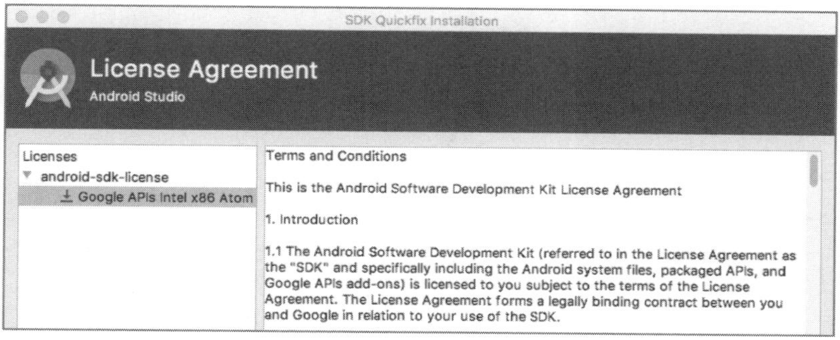

語彙・表現解説

続いてサンプル内の語彙や表現の解説です。丸数字（例：①）部分です。

① repository［名詞］リポジトリー Ad

② completion［名詞］補完、完了 Ad

- 「code completion」で「コード補完」

③ case［名詞］場合、ケース、大文字小文字の区別 Ba

- ここでは「大文字小文字をマッチさせる」の意味

④ letter［名詞］文字（アルファベット）

- 英語ではアルファベット（A〜Z）の文字を指す。一方、類義語のcharacterには、アルファベットに加えて、数字、記号、ひらがな、カタカナ、漢字なども含まれる

⑤ type［動詞］（キーボードで）入力する Ba

- ここは動詞である点に注意

⑥ in 1000 ms

- 時間にinが使われると「〜後」（例：1000ミリ秒後）の意味

⑦ disable［動詞］無効にする Ad

⑧ functionality［名詞］機能 Ad

⑨ no longer

- 「今はもう〜ではない」の意味

⑩ available［形容詞］利用可能な、入手可能な Ba

⑪ take an effect
- 「効果が出る」や「有効になる」。「take effect」が一般的

⑫ restart［名詞］再起動 Ba
- ベーシック300での記載は動詞

⑬ define［動詞］定義する Ba

⑭ wait until ～
- 「～までずっと待つ」。「～まで」は前置詞byと混同しがちだが、byは「～までに」（期限）

ポイント解説

まずサンプル内のポイントを解説します。四角付きアルファベット（例：A）です。

A Open...

メニュー名には動詞で始まるものが多くあります。ソフトウェアに対する処理命令であるため、命令形であると考えられます。

B Export to Zip File...

動詞Exportの直後に置かれるはずの目的語が省略されています。省略は、読者が文脈から推測できる場合に発生します。ここはFileメニューなので、選択中のファイルなどが目的語であると想像できます。

C Automatically insert single suggestions ～

動詞から始まっており、何らかの主語（例：The app should）が省略されていると考えられます。あるいはこの文脈であれば、ソフトウェアに対する処理命令なので命令形だと捉えても非合理ではなさそうです。これ以降の選択項目（「Sort suggestions alphabetically」など）も同様です。

D Are you sure you want to ～

ユーザーに対する確認メッセージです。ユーザーとソフトウェアとのやり取り中によく発生する種類のメッセージです。

E Disable and Restart

ボタンのラベルもよく動詞のみで書かれます。これもソフトウェアに対する命令なので、命令形だと考えられます。

F (!)

メッセージの重大度に応じて異なるアイコンが表示されることがあります。感嘆符（！）は重大度が高く、サンプルのようなエラーで用いられます。

G Cannot find ～

エラー・メッセージです。UIに表示されるメッセージの種類としては頻繁に登場します。「Cannot ～」（～できません）は典型的なエラー表現です。

H Please define ANDROID_SDK_ROOT

良いエラー・メッセージには、エラー発生の事実だけでなく、何らかの対応策も示されます。ここでは「ANDROID_SDK_ROOTを定義せよ」という対策が提示されています。

I (i)

メッセージの重大度を示すアイコンです。情報なのでinformationの「i」が書かれており、重要度はそれほど高くありません。

和訳

サンプルの和訳です。

新規
開く...
最近の項目を開く
プロジェクトを閉じる
C++プロジェクトをGradleとリンク
プロジェクト構造...
その他の設定
設定をインポート...
設定をエクスポート...
設定リポジトリー...
Zipファイルにエクスポート...

エディター > 全般 > コード補完

☑ 大文字小文字をマッチ：◎ 最初の文字のみ ◯ すべての文字
提案が1つだけの場合に自動的に挿入：
　☑ ベーシック補完
　☑ スマート型補完

□ 提案をアルファベット順にソート
☑ 入力に合わせて提案を表示
　□ スペース、ドット、またはその他コンテキスト依存のキーを押すことで、選択された提案を挿入
□ ドキュメントのポップアップを [1000] ミリ秒後に表示

プラグインを無効化

本当にプラグイン「Android Support」を無効にしますか？
このプラグインで提供されていた機能は利用できなくなります。

プラグイン構成での変更は、再起動後に有効になります。

[無効化して再起動] [キャンセル] **[無効化]**

(!) エミュレーター： パニック： AVDシステムのパスが見つかりません。
ANDROID_SDK_ROOTを定義してください

ダウンロード中（46%）： 179.8 / 390.9 MB ...

(i) インストールが完了するまでお待ちください

4-1-2. Django

今度はCUIのサンプルも見てみましょう。

Djangoはウェブ・アプリケーション用フレームワークです。Djangoアプリの開発時にはいくつかのコマンドを使います。そういったコマンドを入力した後に表示されるメッセージです。

まずはDjangoに付属の開発用サーバーを起動したときに表示されるメッセージです。起動には「runserver」（サーバーを実行）というコマンドが使われます。

```
[A]Performing system checks...

System check ①identified no issues (0 ②silenced).
You have 15 ③unapplied ④migration(s). Your project may not work
properly until you apply the migrations for app(s): admin, auth,
contenttypes, my_time, sessions.
[B]Run 'python manage.py migrate' to apply them.
```

```
February 07, 2020 - 13:15:12
Django version 2.2.9, using settings 'my_project.settings'
Starting development server at http://127.0.0.1:8000/
Quit the server with CONTROL-C.
```

（取得元2）

次にデータベースのフラッシュ（flush）を実行するよう命令したときに表示されるメッセージです。

```
You have requested a ⑤flush of the database.
This will ⑥IRREVERSIBLY ⑦DESTROY all data currently in the 'my_db'
database,
and return each table to an ⑧empty ⑨state.
CAre you sure you want to do this?

    DType 'yes' to continue, or 'no' to cancel:
```

（取得元2）

最後に、コマンドを入力した後に表示されるエラー・メッセージをいくつか見てみましょう。

```
"abcd" is not a ⑩valid port number or address:port pair.
```

```
ECan't use run_syncdb with app 'my_app' as it has migrations.
```

```
EUnable to get gettext version. Is it installed?
```

（取得元2）

語彙・表現解説

サンプル内の語彙や表現を解説します。

① identify［動詞］識別する、特定する
- 関連語identifier（名：識別子）はアドバンスト300

② silence［動詞］静かにさせる、非表示にする

- 名詞は「静寂」の意味だが動詞もあり、音や表示を出させない意味となる

③ unapplied［形容詞］未適用の

- 動詞apply（適用する）はベーシック300

④ migration［名詞］移行、マイグレーション Ad

⑤ flush［名詞］洗浄、フラッシュ

- 一般英語ではトイレやパイプを水で流して洗浄する意味。ここではデータベースをきれいにすること

⑥ irreversibly［副詞］非可逆的に

- 語源はir-（否定）＋reversible（形：逆にできる）＋ly（副詞にする）

⑦ destroy［動詞］破棄する Ba

⑧ empty［形容詞］空の Ba

⑨ state［名詞］状態 Ba

⑩ valid［形容詞］有効な Ad

ポイント解説

サンプル内のポイントを解説します。四角付きアルファベット（例：A）の部分です。

A Performing ～

主語（例：The app）とbe動詞（is）が省略されています。

B Run ～

ユーザーに対する指示です。Pleaseが付けられることがありますが、ここでは簡潔に命令形で書かれています。

C Are you sure ～？

ユーザーへの確認メッセージです。

D Type 'yes' to ～

ユーザーに対する指示です。続行するなら「yes」、キャンセルするなら「no」とキーボードで入力するよう指示しています。

E Can't use ～、Unable to ～

「～できない」というのは典型的なエラー・メッセージです。1つめは主語（例：The app）、2つめは主語とbe動詞（例：The app was）が省略されています。

和訳

最後にサンプルの和訳です。

```
システム・チェックを実行中...

システム・チェックで問題は特定されませんでした(非表示0件)。
未適用のマイグレーションが15件あります。以下のアプリのマイグレーションを適用するまで、プロジェクトは適切に動作しない可能性があります: admin、auth、contenttypes、my_time、sessions。
マイグレーションを適用するには「python manage.py migrate」を実行します。
2020年2月7日 - 13:15:12
Django バージョン2.2.9、設定に「my_project.settings」を使用
開発サーバーを http://127.0.0.1:8000/ で起動中
CONTROL-Cでサーバーを停止。
```

```
データベースのフラッシュが要求されました。
これは「my_db」データベースに現在あるすべてのデータを非可逆的に破棄し、
各テーブルを空の状態に戻します。
本当にこれを実行しますか?

    続行するなら「yes」、キャンセルするなら「no」と入力してください:
```

```
「abcd」は、有効なポート番号や「アドレス:ポート」の組み合わせではありません。
```

```
マイグレーションがあるため、アプリ「my_app」でrun_syncdbを使用できません。
```

```
gettextのバージョンを取得できません。インストールされていますか?
```

4-2. UI英語の特徴

UIで使われる英語の特徴を確認します。

4-2-1. ドキュメント全体の特徴

UIというドキュメント・タイプのポイントについて見てみましょう。

ラベルとメッセージがある

UIに登場するテキストは、主にラベルとメッセージに大別できます。

まず「ラベル」は、ボタンやメニュー項目に表示されるテキストです。IntelliJ IDEA（4-1-1）のサンプルで紹介したように、数語程度の短いテキストが中心となります。完全な文の形になっていないケースも多くあります。

特に動詞だけのラベル（例：「Open...」や「Disable and Restart」）は、ソフトウェアに対する処理命令だと理解できます。そのため動詞の原形になっているのです。

「メッセージ」はエラーの発生（例：Cannot ～）などをユーザーに伝えます。ラベルとは異なり、文の形を取ることが一般的です。ただし主語などの「省略」も頻繁に見られます。

メッセージには種類がある

このメッセージにはいくつかの種類があります。

確認メッセージ

ユーザーがソフトウェアに処理命令を出した後、ソフトウェアがそれに対して確認を取ることがあります。サンプルには次のような文がありました。

- Are you sure you want to disable plugin Android Support?（IntelliJ IDEA）
- Are you sure you want to do this?（Django）

「Are you sure you want to ～?」は確認メッセージでよく用いられる表現です。ほかにも「Do you want to ～?」や「Would you like to ～?」（共に「～しますか？」）も使われます。

指示メッセージ

ユーザーはソフトウェアに命令を出しますが、逆にソフトウェアがユーザーに指示することもあります。次のような例です。

- Please wait until the installation finishes（IntelliJ IDEA）

- Type 'yes' to continue, or 'no' to cancel: （Django）

Pleaseを付けて丁寧に指示することも、付けずに簡潔に指示することもあります。

エラー・メッセージ

ユーザーの処理命令にうまく対応できない場合、エラー・メッセージが表示されます。次のような例です。

- Cannot find AVD system path. （IntelliJ IDEA）
- Unable to get gettext version. Is it installed? （Django）

エラーなのでnotを使った表現（例：cannot）のほか、「unable to 〜」（〜できない）や「failed to 〜」（〜に失敗した）という表現も頻出します。

このようにユーザーとソフトウェアは、処理命令を出したり、それに対してさまざまなメッセージを表示したりしながら、対話を進めるという形になっています。

省略が発生する

UIテキストでも「省略」が頻繁に発生します。何が省略されているか読み手が文脈から推測できる場合に、主語や目的語などの文要素が省かれる現象です。サンプルでは次の例がありました。

- Export to Zip File... （IntelliJ IDEA）→ 目的語が省略
- Can't use run_syncdb 〜 （Django） → 主語が省略

さらに、GUIではテキスト表示スペースが限られている点も省略が発生する理由でしょう。たとえばボタンのラベルをあまり横長にしまうと、デザイン的に問題があります。

4-2-2. ユーザー操作の動詞40

UIには、ユーザーの操作を表す言葉が頻出します。動詞で表されることが多いため、ここではユーザー操作に関する動詞を40個挙げます。覚えておくと英語UIの操作もはかどるはずです。go以外はすべてプログラミング必須英単語600+に掲載されています。

access Ba	add	browse Ad	cancel Ba	check
choose	click Ba	close	configure Ad	confirm Ad
continue Ba	copy	create	delete Ba	display Ad

edit Ba	enable Ad	enter Ba	find	go
ignore Ba	list	move	open	press Ba
preview Ba	remove Ba	rename Ba	replace	run
save Ba	search Ba	select Ba	show	specify Ba
start	stop	type Ba	update Ba	view Ba

4-2-3. エラーを表現する言葉15

ソフトウェアが表示するメッセージの中でも、エラー・メッセージは重要です。エラー状態を表現するのに形容詞や副詞がよく用いられます。そういった言葉を15個紹介します。否定的な意味がない言葉の場合、通常はnotなどと一緒に登場します（例：not allowed）。

語	品詞	意味	補足
allowed	形容詞	許可された	動詞allowはベーシック300
available Ba	形容詞	利用可能な、入手可能な	反意語はunavailable（アドバンスト300）
empty Ba	形容詞	空の	
invalid Ad	形容詞	無効な	反意語はvalid
missing Ba	形容詞	見つからない、欠落している	
modified	形容詞	修正された	動詞modifyはアドバンスト300
multiple Ad	形容詞	複数の	
no	形容詞	1つの〜もない	「No files found.」のように名詞の前に置く。日本語の発想にはない
possible	形容詞	可能な	反意語はimpossible
required	形容詞	必要な	動詞requireはベーシック300
supported	形容詞	サポートされた	動詞supportはベーシック300

語	品詞	意味	補足
too	副詞	～すぎる	「too many」のように形容詞を修飾
unable Ba	形容詞	不可能な	
unknown Ad	形容詞	不明の	
valid Ad	形容詞	有効な	反意語はinvalid

4-3. 例題

UIに関する例題です。プログラミング英語検定の出題形式です。「語彙」、「読解／文法」、「英作文」のカテゴリー別で、ベーシックとアドバンストの2レベルに分かれています。

語彙

ベーシック

【1】ソフトウェアに次のメニュー項目があった。下線の英語に対応する日本語として最も適切なのはどれか？

・<u>Hide</u> toolbar

A. 非表示にする　B. 表示する　C. 無効にする　D. 有効にする

【2】ソフトウェアに次のボタンがあった。下線の英語に対応する日本語として最も適切なのはどれか？

[<u>Report</u> a bug]

A. 学習する　B. 繰り返す　C. 修復する　D. 報告する

【3】ソフトウェアの使用中に次のメッセージが表示された。下線の英語に対応する日本語として最も適切なのはどれか？

Click here to <u>exit</u>.

A. 開始する　B. 解除する　C. 交換する　D. 終了する

【4】ソフトウェアの使用中に次のメッセージが表示された。下線の英語に対応する日本語として最も適切なのはどれか？

Could not save your app settings.

A. 書き込む　B. 決定する　C. 消去する　D. 保存する

【5】ソフトウェアに次のボタンがあった。下線の日本語に対応する英語として最も適切なのはどれか？

[編集を取り消す]

A. cancel　B. repeat　C. return　D. try

【6】統合開発環境（IDE）の使用中に次のメッセージが表示された。下線の日本語に対応する英語として最も適切なのはどれか？

局所変数 'my_book' は使用されていません。

A. global　B. local　C. location　D. post

アドバンスト

【7】統合開発環境（IDE）の設定画面に次の項目があった。下線の英語に対応する日本語として最も適切なのはどれか？

☑ Automatically insert closing brackets

A. 角かっこ　B. 句点　C. タグ　D. 二重引用符

【8】統合開発環境（IDE）に次のボタンがあった。下線の英語に対応する日本語として最も適切なのはどれか？

[Suppress all warnings]

A. 解消する　B. 強調表示する　C. 繰り返す　D. 表示しない

【9】ソフトウェアの使用中に次のエラー・メッセージが表示された。下線の英語に対応する日本語として最も適切なのはどれか？

Unexpected error while saving file "my_doc.docx".

A. 解決できない　B. 重大な　C. 予期しない　D. 無視された

【10】ソフトウェアの設定画面に次の項目があった。下線の日本語に対応する英語として最も適切なのはどれか？

☑ 匿名の利用データを送信

A. anonymous　B. conditional　C. redundant　D. unknown

【11】ソフトウェアの使用中に次のメッセージが表示された。(ア)に入る英語として最も適切なのはどれか？

File "my_document.txt" already exists. Are you sure you want to (ア) it?

A. decode　B. escape　C. overwrite　D. scroll

読解／文法

ベーシック

【12】ソフトウェアに次のボタンがあった。これを押すと何が起こると想像できるか、最も適切なものを選べ。

[Show ignored files]

A. 破棄したファイルが表示される

B. ファイルが見つかっても無視される

C. ファイルは破棄後に非表示になる

D. 無視したファイルが表示される

【13】ソフトウェアに次のテキストがあった。コロンの後に何が表示されると想像できるか、最も適切なものを選べ。

Recently changed devices:

A. 最近変更された機器

B. 最近変更された開発者

C. 未変更の開発者

D. 未変更の機器

【14】ソフトウェアの使用中に次のダイアログが表示された。「OK」をクリックした場合、何が起こると想像できるか、最も適切なものを選べ。

Would you like to replace the existing file named "my_note.txt" ?

[OK] [Cancel]

A. 「my_note.txt」という名前のファイルが作成される

B. 「my_note.txt」という名前の既存ファイルが置換される

C. 「my_note.txt」という名前のファイルには何も起こらない

D. 「my_note.txt」という名前のファイルを閉じて続行する

【15】ソフトウェアの使用中に次のエラー・メッセージが表示された。どう対処すればよいか、最も適切なものを選べ。

The username is already in use. Please specify a different username.

A. すべてのユーザー名を指定し直す

B. 別のユーザー名を指定する

C. ユーザー名ではないIDを使う

D. ユーザー名は指定しない

アドバンスト

【16】ソフトウェアの設定画面に次のチェックボックスがあった。これがチェックされた状態だとどうなると想像できるか？　最も適切なものを選べ。

☑ Manually check for software updates

A. ソフトウェアの更新は自動で確認される

B. ソフトウェアの更新は自動インストールされる

C. ソフトウェアの更新は手動で確認する

D. ソフトウェアの更新は手動でインストールする

【17】統合開発環境（IDE）に次のメニュー項目があった。これを選択すると何が起こると想像できるか、最も適切なものを選べ。

・Toggle Breakpoint at Cursor

A. カーソルの位置にあるブレークポイントが切り替わる

B. カーソルの位置にあるブレークポイントが消える

C. カーソルの位置までブレークポイントが移動する

D. ブレークポイントに使うカーソル形状が変わる

【18】ソフトウェアの使用中に次のダイアログが表示された。「Always」をクリックした場合、何が起こると想像できるか、最も適切なものを選べ。

> Do you want to open this file in external editor?
>
> [Always] [Yes] [No]

A. ファイルは今後外部エディターで開かれる

B. ファイルは常に内蔵のエディターで開かれる

C. ファイルは開かれない

D. ファイルを開く前に常に確認メッセージが表示される

【19】ソフトウェアの使用中に次のメッセージが表示された。この内容から推測できるのはどれか選べ。

> Caught IO exception while trying to retrieve data.

A. 例外的にデータが書き込まれた

B. データは取得できなかった

C. データの書き込み中に入出力エラーが発生した

D. 何の問題もなくデータが取得できた

英作文（アドバンストのみ）

【20】ソフトウェアのエラー・メッセージを英語で書きたい。日本語に合うよう、(ア)～(カ)に入る適切な英単語を選んで英文を作れ。ただし文頭に入る語も小文字としてある。また各単語は1回のみ選べるものとする。

> データベースに接続できません。お使いの設定が正しく構成されているか確かめてください。

> (ア) to (イ) to the database. Please (ウ) (エ) that (オ) settings are (カ) correctly.

can't	configured	connect	ensure
make	sure	unable	your

解答

正解とその解説です。

【1】A. 非表示にする

hideはベーシック300に含まれる「隠す、非表示にする」という動詞。なお反意語はshow（表示する）。

【2】D. 報告する

reportはベーシック300に含まれる「報告する」という動詞。

【3】D. 終了する

exitはベーシック300に含まれる「終了する」という動詞。

【4】D. 保存する

saveはベーシック300に含まれる「保存する」という動詞。問題文は「お使いのアプリの設定が保存できませんでした」というエラー・メッセージ。

【5】A. cancel

cancelはベーシック300に含まれる「キャンセルする、取り消す」という動詞。なおrepeatは「繰り返す」、returnは「戻す、返す」、tryは「試す」。

【6】B. local

localはベーシック300に含まれる「ローカルの、局所の」という形容詞。反意語はglobal（グローバルの、大域の）。

【7】A. 角かっこ

bracketはアドバンスト300に含まれる「角かっこ」（[ ] のこと）という名詞。closingは「終わりの、閉じの」。英文は「自動的に閉じ角かっこを挿入」の意味。

【8】D. 表示しない

suppressはアドバンスト300に含まれる「表示しない」という動詞。waringは「警告」（ベーシック300）。英文は「すべての警告を表示しない」という意味。

【9】C. 予期しない

unexpectedはアドバンスト300に含まれる「予期しない」という形容詞。英文は「ファイル『my_doc.docx』を保存中に予期しないエラー」という意味。

【10】A. anonymous

anonymousはアドバンスト300に含まれる「匿名の、無名の」という形容詞。なおconditionalは「条件付きの」、redundantは「冗長な」、unknownは「不明の」という意味の形容詞（いずれもアドバンスト300）。問題を英文にすると「☑ Send anonymous usage data」となる。

【11】C. overwrite

選択肢はすべて動詞で、文法的にはどれが入っても成立する。ただし最初の文で「『my_document.txt』というファイルはすでに存在します」とある。それ（it）に関して「～してもよろしいですか？」という確認メッセージなので、文脈上「上書きする」という意味のoverwrite（アドバンスト300）が最も適切である。なおdecodeは「デコードする」（アドバンスト300）、escapeは「エスケープする」（アドバンスト300）、scrollは「スクロールする」（ベーシック300）。

【12】D. 無視したファイルが表示される

ignoreはベーシック300に含まれる「無視する」という動詞。

【13】A. 最近変更された機器

deviceはベーシック300に含まれる「機器、デバイス」という名詞。またrecentlyは「最近」（副詞）という意味。

【14】B. 「my_note.txt」という名前の既存ファイルが置換される

replaceはベーシック300に含まれる「置換する」という動詞。existingは「既存の」という意味（アドバンスト300）。「Would you like to ～？」（～しますか？）はユーザー操作を確認する際によく使われる構文。

【15】B. 別のユーザー名を指定する

英文は「ユーザー名はすでに使用されています。別のユーザー名を指定してください」という意味。specifyは「指定する」という動詞（ベーシック300）。また「in use」で「使用中の」を表す。

【16】C. ソフトウェアの更新は手動で確認する

manuallyはアドバンスト300に含まれる「手動で」という副詞。「check for ～」は「～がないか確認する」という意味。

【17】A. カーソルの位置にあるブレークポイントが切り替わる

toggleは動詞で「切り替える」、breakpointは名詞で「ブレークポイント」（共にアドバンスト300）、cursorは名詞で「カーソル」（ベーシック300）。現在マウスのカーソルがある位置のブレークポイント（プログラムの動作を停止する場所）をオンまたはオフに切り替えることを指す。

【18】A. ファイルは今後外部エディターで開かれる

externalはアドバンスト300に含まれる「外部の」という形容詞。alwaysは「いつでも」や「常に」の意味なので、今後ファイルは外部エディターで開かれると想像できる。

【19】B. データは取得できなかった

英文は「データを取得しようとしている最中に入出力の例外をキャッチした」という意味。そのため「データは取得できなかった」と推測できる。caughtは動詞catch（キャッチする）の過去形、IOは「Input/Output」（入出力）の頭字語、retrieveは「取得する」という動詞（アドバンスト300）。

【20】（ア）unable、（イ）connect、（ウ）make、（エ）sure、（オ）your、（カ）configured

選択肢解説：

- ア：「〜できません」というメッセージでは「Unable to 〜」がよく使われる。「Can't 〜」も候補だが、直後がtoなので使えない。
- ウ、エ：「〜であることを確かめて（確認して）ください」には「make sure that 〜」や「ensure that 〜」が使われる。ensureだとかっこ数が合わない。
- オ：「お使いの」は「your」。

注

1：https://github.com/JetBrains/intellij-community （Apache 2.0ライセンスに基づき改変して利用。Used with modification based on Apache 2.0 License. 2020-02-06参照）
2：https://github.com/django/django （Djangoライセンスに基づき利用。2020-02-07参照）

第2部

プログラミング必須英単語

語彙（英単語）は英語を読み書きする基礎です。そのため、語彙力の増強はプログラミング英語力の向上に直結します。

第2部では「プログラミング必須英単語600+」を紹介します。これは、1,200万語を超えるプログラミング英語関連資料からコーパス言語学の手法で選定された英単語リストです。本書出版元のグローバリゼーションデザイン研究所が2019年に公開しました。

各章の内容は以下のとおりです。

- 第5章：ベーシック300
- 第6章：アドバンスト300
- 第7章：その他の英単語
  - 前提英単語100
  - 略語70
  - 頭字語30
  - 予約語（参考）

このうち、プログラミング英語検定の語彙問題の出題範囲である「ベーシック300」（第5章）と「アドバンスト300」（第6章）については、例文を挙げながら詳しく解説します。

なお、語源説明に左矢印（例：ac←ad）がある場合、異形であることを示します（例のacはadの異形）。また語源には諸説存在することがあります。

第5章 ベーシック300

本章ではベーシック・レベルの300語を例文および解説とともに取り上げます。

ベーシック300は、基本的な英単語、または頻出する英単語で、プログラミング英語検定「ベーシック」レベルおよび「アドバンスト」レベル試験の語彙問題の出題範囲となっています。

A

☐ **accept** 動詞 受諾する、受け入れる

Only positive values are accepted in this field.

このフィールドで受け入れられるのは正の値のみです。

例文のpositiveは「正の」の意味で、この反意語はnegative（負の）。語源はac←ad（～に）＋cept（つかむ）。

☐ **access** 動詞／名詞 アクセスする、利用する、入手する／アクセス

You can access your data via this API.

このAPI経由でデータにアクセスできます。

動詞で使う場合、「access to your data」と前置詞toを入れない点に注意（他動詞のため）。viaは「～経由で」の意味。語源はac←ad（～に）＋cess（行く）。

☐ **account** 名詞 アカウント、口座

To create an account, you need to complete the registration process.

アカウントを作成するには、登録プロセスを完了する必要があります。

一般英語としては「説明」や「顧客」の意味もある。

☐ **algorithm** 名詞 アルゴリズム

A list of supported algorithms can be obtained here.

サポートされているアルゴリズムのリストはここで取得できます。

アルゴリズムとは、問題などを解決する際の手順のこと。

☐ **allow** 動詞 可能にする、許可する

This method allows you to set a property on an object.

このメソッドを使うと、オブジェクトにプロパティーを設定できます。

allowは「<無生物> allow you to <動詞>」という無生物主語の構文でよく使われる。「<無生物>はあなたが<動詞>するのを可能にする」という意味で、より日本語らしくすると「<無生物>を使うと、（あなたは）<動詞>できます」となる。

☐ **alternative** 形容詞 代替の

Specify the alternative text of the image here.

画像の代替テキストをここで指定してください。

HTMLでは「alt」と略されている。

☐ **application** 名詞 アプリケーション

CHANGE_CONFIG: Allows applications to change the current configuration.

CHANGE_CONFIG: アプリケーションに現在の構成を変更することを許可する。

「app」と略される。また一般英語としては「申し込み」や「適用」といった意味もある。

☐ **apply** 動詞 適用する

[Apply changes to this file]

[このファイルに変更を適用]

例文はIDEのボタン。語源はap←ad（～に）＋ply（折り曲げる）。

☐ **argument** 名詞 引数、実引数

An invalid argument was given to the function.

関数に無効な引数が与えられました。

一般英語では「議論」の意味もある。「arg」や「args」（複数形）と略される。

☐ **array** 名詞 配列

This method reads the entire file into an array.

このメソッドはファイル全体を配列に読み込みます。

一般英語では「ずらりと並んだもの（や人）」を指す。

☐ **attribute** 名詞 属性

Replaces an attribute with the specified value.

属性を指定の値で置き換えます。

例文では主語（This methodなど）が省略されている点に注意。語源はat←ad（〜に）＋trib（与える）＋ute（動詞にする）。「attr」や「attrs」（複数形）と略される。

☐ **audio** 名詞 オーディオ、音声

Parameter: type - The type of an audio file to read.

パラメーター： type - 読み込むオーディオ・ファイルの種類。

audにはもともと「聞く」という意味がある。audience（聴衆、オーディエンス）もここから。

☐ **author** 名詞 作成者

Author: Taro Yamada

作成者：山田太郎

文書などの作成者に用いられることが多い。動詞で使うと「作成する」という意味。

☐ **available** 形容詞 利用可能な、入手可能な

This app is available for download from our website.

このアプリは弊社ウェブサイトからダウンロードで入手可能です。

「Are you available now?」のように人間がavailableと言う場合は、会ったり話したりできる状態であることを指す。また例文のように前置詞にはforを使って「available for purchase」（購入可能）などと表現する。

☐ **avoid** 動詞 回避する

Avoid unnecessary API calls.

不要なAPI呼び出しを回避。

例文はコミット・メッセージ。主語（This commit willなど）が省略されている。

B

☐ **backup** 名詞 バックアップ

The backup data of the user will be sent to another device.

ユーザーのバックアップ・データは別のデバイスに送られます。

動詞で使う場合は「back up」と2語になる。

☐ based　形容詞　ベースの、～に基づく

A title will be assigned automatically based on the file name.

タイトルがファイル名に基づいて自動的に割り当てられます。

「ベースの」の場合、「Linux-based computer」（Linuxベースのコンピューター）、「password-based authentication」（パスワード・ベースの認証）といった使い方をする。また例文のように「be based on」という形も多い。

☐ bit　名詞　ビット

Parameter: distance - Shift distance (in bits)

パラメーター： distance - シフトする距離（ビット単位）

例文のように「～単位で」を表す際は前置詞inが用いられる。たとえば「メートル単位で」は「in meters」。

☐ blank　形容詞　空白の

URL cannot be blank.

URLは空白にできません。

類義語にempty（空の）がある。

☐ block　名詞／動詞　ブロック／ブロックする

True if the user is blocked.

そのユーザーがブロックされているとTrue。

ブロックの意味は文脈によって異なり、ソースコードのひとかたまり、SNSにおける他人の遮断、通信の遮断などがある。

☐ boolean　形容詞　ブールの

// Compares two boolean values.

// 2つのブール値を比較。

ブール値では、2つの値（trueとfalse）で表現する。またBooleanと大文字で表記されることもある（数学者Booleの名前から取ったため）。一部のプログラミング言語で予約語。

☐ branch　名詞　ブランチ、分岐

Merge branch 'dev'

「dev」ブランチをマージ

例文はコミット・メッセージ。ブランチとは、ソースコードなどを複製し、並行して開発できるようにしたもののこと。一般英語では「枝」の意味。なお朝食と昼食を兼ねる「ブランチ」（brunch）は別の言葉。

☐ **browser** 名詞 ブラウザー

1. In your web browser, enter the URL of the file you created.

1. ウェブ・ブラウザーで、作成したファイルのURLを入力します。

browserの1語でウェブ・ブラウザーを指すことが多い。動詞はbrowse（閲覧する）。

☐ **bug** 名詞 バグ

Fixed bugs in Print class.

Printクラスのバグを修正。

例文はコミット・メッセージで、主語が省略されている点に注意。一般英語では「虫」のこと。

☐ **byte** 名詞 バイト

Parameter: input - The input stream from which bytes are read.

パラメーター：input - バイトが読み込まれる入力ストリーム。

バイトとは情報量の単位で、通常は8ビット。なおアルバイトを縮めた「バイト」はドイツ語のArbeit（仕事の意味）が由来。

C

☐ **cache** 名詞 キャッシュ

Data will be retrieved from the cache where possible.

可能な場合、データはキャッシュから取得されます。

「where possible」は「可能な場合」の意味。現金を表す「cash」とは別の単語なので注意。

☐ **cancel** 動詞 キャンセルする、取り消す

Click **Cancel** to quit the installer.

インストーラーを終了するには「キャンセル」をクリックしてください。

ソフトウェアが実行しようとしている処理を取り消すことを指す。

☐ **capacity** 名詞 容量

There is not enough capacity for the instance.

そのインスタンスに十分な容量がありません。

capability（機能）と似ているので混同しないように注意。語源はcap（つかむ）＋acity（名詞にする）。

☐ **case** 名詞 場合、ケース、大文字小文字の区別

In such a case, restart the server.

そのような場合、サーバーを再起動します。

upper caseで大文字、lower caseで小文字を表す。またcaseで「大文字と小文字の区別」を指し、case-sensitiveで「大文字と小文字を区別する」という意味の形容詞となる。caseは一部のプログラミングで予約語にもなっている。

☐ **character** 名詞 文字

Returns true if the string has a space character.

文字列に空白文字が含まれていたらtrueを返す。

「character」にはアルファベット、数字、記号、漢字などが含まれる。一方、類義語の「letter」はアルファベットしか指さない点に注意。「char」と略される。

☐ **checkbox** 名詞 チェックボックス

To automatically save your preferences, select the checkbox below.

自動でユーザー設定を保存するには、下のチェックボックスを選択します。

四角の中にレ点が入ったUI要素のこと（☑）。check boxと2語で書かれることもあるが、1語が一般的。

☐ **choice** 名詞 選択

// Using UTF-8 is a better choice here

// ここではUTF-8を使うという選択の方が良い

例文はソースコードのコメント。類義語にselection（選択）がある。

☐ **clear** 動詞 消去する

clearSearchHistory()

（検索履歴を消去する関数）

clearは多義で、動詞としてはほかに「（問題などを）解決する」や「（サッカーなどで）クリアする」といった意味もある。形容詞の場合は「明るい」や「はっきりした」。

☐ **click** 動詞 クリックする

buttonClicked(): Called when the button is clicked.

buttonClicked(): ボタンがクリックされたら呼び出される。

もともとclickは「カチッという音」を指す。

☐ **client** 名詞 クライアント

// Returns a cookie set by a client application

// クライアント・アプリケーションにより設定されたクッキーを返す

クライアントとは、サーバーから情報を受け取ったり、サーバーに処理を依頼したりするコンピューターのこと。一般英語では「依頼人」や「顧客」を指す。例文の「set」は過去分詞である点に注意。「… cookie that was (is) set by a …」と同じ意味。

☐ **clipboard** 名詞 クリップボード

Ctrl+C: Copy the selected content to the clipboard.

Ctrl+C： 選択したコンテンツをクリップボードにコピー。

クリップボードとは、ユーザーがコピー操作などをした際にデータを一時的に記憶しておく場所のこと。もともとは紙をクリップ（clip）で固定し、その上で書けるようにした板（board）のこと。

☐ **cloud** 名詞 クラウド

SuperCloudDB is a good way to store data in the cloud.

SuperCloudDBはクラウドにデータを保存するのに良い方法です。

クラウドとは、ネットワーク経由で用いるサーバーのこと。一般英語では「雲」の意味。crowdsourcing（クラウドソーシング）などで使われる「crowd」（群衆の意味）とは別の単語である点に注意。

☐ **cluster** 名詞 クラスター

The list of clusters will be displayed on the console.

クラスターのリストがコンソール上に表示されます。

一般英語でclusterは「集団」や「（ブドウなどの）房」の意味。

☐ **code** 名詞 コード

Returns a country code.

国コードを返す。

コードには、プログラムのソースコードの意味も、例文の国コードように「符号」の意味もある。また「ひも」や「（電気などの）コード」を表すcordとは別の単語なので注意。

☐ **collection** 名詞 コレクション、収集

This IDE comes with a collection of debug tools.

このIDEにはデバッグ・ツールがいくつも付属しています。

例文の「come with ～」は「～が付属する」という意味で、宣伝文句でよく使われる。動詞はcollect（収集する）。また語源はcol←com（共に）＋lect（選ぶ。selectにも）＋ion（名詞にする）→一緒にして集める。

☐ **column** 名詞 列、カラム

// Gets the values at a specified column

// 指定の列にある値を取得

一般英語では「柱」や「（新聞などの）コラム」の意味がある。反意語は「row」（行）。

☐ **command** 名詞 コマンド、命令

History size of commands:

コマンドの履歴サイズ：

例文はIDEのUI。「cmd」と略される。例文のhistoryには「歴史」以外に「履歴」の意味がある。

☐ **comment** 名詞／動詞 コメント／コメントする

Commented out unused code

未使用のコードをコメント・アウトした

例文はコミット・メッセージ。「comment out」はソースコードをコメントにして無効化すること。

☐ **commit** 動詞 コミットする、（処理などを）確定する

Remove code that was accidentally committed.

間違ってコミットされたコードを削除。

例文はコミット・メッセージ。accidentallyは「偶然」や「うっかり」という意味の副詞。一般英語としてcommitには「委ねる」という意味がある。語源はcom（共に）＋mit（送る）→委ねる。

☐ **communication** 名詞 通信、コミュニケーション

IOException is thrown when a communication problem occurs.

通信問題が発生すると、IOExceptionがスローされます。

動詞はcommunicate（通信する）。情報通信を表す場合はcommunicationsと複数形も用いられる。

☐ **component** 名詞 コンポーネント、部品

A UI component that displays image to the user.

ユーザーに画像を表示するUIコンポーネント。

語源はcom（共に）＋pon（置く。positionのpositと同じ）＋ent（名詞にする）→一緒に置かれたもの。

☐ **condition** 名詞 条件

Usernames must meet the following conditions:

ユーザー名は以下の条件を満たす必要があります：

語源はcon←com（共に）＋dit（言う）＋ion（名詞にする）→共に言う→同意→条件。形容詞はconditional（条件つきの）。

☐ **configuration** 名詞 構成

Cannot save or update the configuration file.

構成ファイルを保存または更新できません。

コンフィギュレーションとカタカナ表記されることもある。また「config」と略される。動詞はconfigure（構成する）。

☐ **connect** 動詞 接続する

First, connect the device to your computer's USB port.

まず、デバイスをお使いのコンピューターのUSBポートに接続します。

語源はcon←com（共に）＋nect（結ぶ）。

☐ **connection** 名詞 接続

check_connection()

（接続状態を確認する関数）

「conn」と略される。動詞はconnect（接続する）。

☐ **console** 名詞 コンソール

1. Sign in to the console at myconsole.example.com.

1. myconsole.example.comでコンソールにサインインします。

コンソールとは、制御や管理が可能な画面のこと。

☐ **constant** 名詞／形容詞 定数／一定の

DELETE_KEY: Constant for the "delete" key.

DELETE_KEY: 「delete」キー用の定数。

関連語にvariable（変数）がある。

☐ **constructor** 名詞 コンストラクター

Generally, this constructor should be called by other constructors.

通常、このコンストラクターは別のコンストラクターから呼び出されるべきです。

一般英語でconstructorは「建設業者」を指す。

☐ **contain** 動詞 含む

Returns true if the DB contains the specified key.

DBに指定のキーが含まれていたらtrueを返す。

「～に…がある」と表現する際に、containを使うと無生物主語の構文が作りやすい。たとえば「The argument contains an illegal value.」（引数に不正な値があります）。なお語源はcon←com（共に）＋tain（保つ）。

☐ **container** 名詞 コンテナー

// Replace the existing component added to the container

// コンテナーに追加されている既存のコンポーネントを置き換える

一般英語で「入れ物」のこと。そこから何かを入れる場所やものがコンテナーと呼ばれる。

☐ **content** 名詞 内容、コンテンツ

We also retain the right to decline to post any content.

当社はどのようなコンテンツでも投稿を拒否する権利も保持します。

例文は使用許諾契約。日本語では「コンテンツ」（contents）と複数形のカタカナ表記が一般的だが、抽象的な情報内容を意味する場合、英語では例文のようにcontentと単数形（不可算）が使われる。

☐ **context** 名詞 コンテキスト、文脈

Defaults to English or Japanese, depending on the context.

文脈に応じて、英語または日本語がデフォルトになる。

例文のdefaultsは動詞である点に注意（主語が省略され、三人称単数のsが付いている）。

☐ **continue** 動詞 続行する

This continues until the user clicks the **Cancel** button.

これはユーザーが「キャンセル」ボタンをクリックするまで続行します。

語源はcon←com（共に）＋tinue（保つ。tainと同じ）→保ち続ける。

☐ **control** 名詞／動詞 制御、コントロール／制御する

Return: The size of the control.

戻り値： コントロールのサイズ。

「制御」の意味での名詞は不可算だが、ボタンやスライダーなど具体的な制御部品を示す「コントロール」は可算名詞（そのためcontrolsと複数形も可）。なおコントロール・キーは「ctrl」と略される。

☐ **cookie** 名詞 クッキー

removeAllCookies()

（すべてのクッキーを削除するメソッド）

クッキーとは、あるウェブサイトにアクセスしたユーザーのコンピューターに保存される情報のこと。

☐ **core** 名詞／形容詞 コア／最重要の

Core class for loading video files.

ビデオ・ファイルを読み込むのにコアとなるクラス。

「中心」や「核心」の意味。プロセッサー内で処理を担っている部分も「コア」と呼ばれる。

☐ **correctly** 副詞 正しく、正常に

The database location is not set correctly.

データベースの場所が正しく設定されていません。

形容詞はcorrect（正確な）。問題なく処理を終えるニュアンスではsuccessfully（正常に）が類義語として挙げられる。

☐ **count** 動詞／名詞 数える／回数、数

// Returns the count of errors for this file.

// このファイルでのエラー回数を返す。

一般英語では「（人や物に）頼る、当てにする」という意味も（「count on ～」で）。

☐ **current** 形容詞 現在の

Import may overwrite your current settings.

インポートにより、現在お使いの設定が上書きされることがあります。

例文のimportは名詞で、無生物主語。「cur」と略される。

☐ **cursor** 名詞 カーソル

This method inserts text at the cursor position.

このメソッドはカーソル位置にテキストを挿入する。

カーソルは、画面上でテキストの入力位置を示すマークのこと。「cur」と略される。

☐ **custom** 形容詞 カスタムの、ユーザー設定の

// Set the custom size in pixels here

// ここでカスタムのサイズをピクセル単位で設定

一般英語では「慣習」、「関税」、「（店などの）愛顧」（慣習的に買うことから。顧客を意味するcustomerもここから）とさまざまな意味がある。

☐ **customize** 動詞 カスタマイズする

customize_max_connections(int)

（最大接続数をカスタマイズする関数。引数は整数）

顧客（customer）の要望に合わせるというニュアンス。

D

☐ **damage** 名詞 損害、ダメージ

You will be solely responsible for any damages arising from your use of the software.

あなたがこのソフトウェアを利用することで発生するあらゆる損害について、あなたは単独で責任を負います。

例文は使用許諾契約。「arise from ～」は「～から発生する」という意味。

☐ **dashboard** 名詞 ダッシュボード

The dashboard provides different types of reports.

ダッシュボードではさまざまな種類のレポートを提供しています。

ダッシュボードとは、情報が集約されている場所（ウェブページなど）のこと。

☐ **data** 名詞 データ

Obtains the number of bytes of data actually transferred.

実際に転送されたデータのバイト数を取得。

dataは可算名詞で複数形扱い（その単数形はdatum）の場合も、不可算名詞で単数形扱いの場合もある。そのため「The data are …」も「The data is …」もあり得る。ただし「datas」という形はないので注意。

□ database　名詞　データベース

Returns true if the database was successfully deleted.

データベースが正常に削除されていたらtrueを返す。

データベースは可算名詞（a databaseやdatabasesは可）。「db」や「DB」と略される。

□ debug　動詞／名詞　デバッグする／デバッグ

Turning it on allows you to debug your app.

これをオンにすると、アプリをデバッグできます。

語源はde（離れて）＋bug（バグ）→バグを取る。例文では「Turning it on」（これをオンにすること）が主語になっている。

□ default　名詞／動詞　デフォルト、既定値／デフォルトで～になる

Default value is false.

デフォルト値はfalseです。

動詞は自動詞で、「<主語> defaults to <名詞>」（<主語>はデフォルトで<名詞>になる）のように前置詞toが使われる。一般英語としては「債務不履行」の意味がある。

□ define　動詞　定義する

Variable with such name is already defined.

そのような名前を持つ変数がすでに定義されています。

関連語にundefined（形容詞：未定義の）、predefined（形容詞：事前定義された）、user-defined（形容詞：ユーザー定義の）などがある。

□ delete　動詞　削除する

delete_duplicate_urls()

（重複するURLを削除する関数）

類義語にremoveがある。removeはある場所から人や物を取り除くニュアンスがある一方、deleteは保存された情報やデータを削除する文脈で使われる。

□ destroy　動詞　破棄する

Return: True if this object has been destroyed.

返り値： このオブジェクトが破棄されていた場合はtrueを返す。

語源はde←dis（否定）＋stroy（建てる。constructの「struct」に同じ）。反意語はconstruct（生成する）。

☐ **determine** 動詞 判別する、決定する

This method determines whether a plugin is installed.

このメソッドはプラグインがインストールされているかどうかを判別する。

determineは「決定する」や「決心する」という日本語訳を最初に覚えることが多いが、プログラミング英語では「判別する」意味で用いられることが多い。「～かどうかを判別する」の場合、「determine whether (if) ～」という表現がよく使われる。語源はde（離れて）＋term（境界）＋ine（動詞にする）→境界を決める。

☐ **developer** 名詞 開発者

Developers are strongly encouraged to use this method whenever possible.

開発者は、可能な場合はいつでもこのメソッドを使用することを強く勧められています。

例文のencourageは「勧める」、whenever possibleは「可能な場合はいつでも」という意味。「dev」と略される。

☐ **development** 名詞 開発

Fix memory leak that occurs in development mode.

開発モードで発生するメモリー・リークを修正。

例文はコミット・メッセージ。「dev」と略される。語源はde（離れて）＋velop（包む。封筒の意味のenvelopにも）＋ment（名詞にする）→包みを解く→発展する。

☐ **device** 名詞 機器、デバイス

Unable to load virtual devices.

仮想デバイスを読み込めません。

例文の「unable to <動詞>」は「<動詞>できない」というエラー・メッセージで頻出する表現。

☐ **dialog** 名詞 ダイアログ

Dialog(String title) - Creates a dialog with the specified title.

Dialog(String title) - 指定のタイトルでダイアログを作成。

例文はAPIリファレンスの説明文。ダイアログとは、画面に表示される小さなウィンドウのこと（dialog boxとも）。一般英語では「対話」の意味。dialogueというスペルはイギリス英語。

☐ **directory** 名詞 ディレクトリー

// Checks if the file is a directory

// このファイルがディレクトリーであるかどうかをチェック

ディレクトリーとは、ほかのファイルを収められるファイルのこと（OSによっては「フォルダー」と呼ばれる）。一般英語では「人名簿」の意味。

☐ **disk** 名詞 ディスク

availableDiskSpace

（空きディスク容量が入る変数）

ディスクとは、円盤（disk）状の記憶メディアのこと（ハードディスクなど）。イギリス英語ではdiscというスペルが使われることがある。

☐ **document** 名詞／動詞 ドキュメント、文書／（文書で）記録する、詳しく記載する

The wrapper classes are documented in the reference manual here.

ラッパー・クラスはこちらのリファレンス・マニュアルに詳しく記載されています。

「doc」と略される。語源はdoc（教える。doctorもここから）＋ument（名詞にする）。

☐ **documentation** 名詞 ドキュメント、資料

Add documentation about virtual devices

仮想デバイスに関する資料を追加

例文はコミット・メッセージ。documentationは不可算名詞なので「a documentation」や「documentations」としないように注意。一方、documentは加算名詞なので可。

☐ **domain** 名詞 ドメイン

Changing the owner of a domain requires authorization.

ドメインの所有者を変更するには、権限付与が必要です。

ドメイン（ドメイン名）は、インターネットの住所のようなもの（例：example.com）。一般英語では「領地」や「（学問などの）領域」という意味。例文の主語は「Changing the owner of a domain」と長い無生物主語になっている点に注意。

☐ **download** 動詞 ダウンロードする

Failed to download the file from example.com

example.comからファイルをダウンロードするのに失敗しました

例文はエラー・メッセージ。反意語はupload。関連語にload（読み込む）、reload（再読み込みする）がある。

☐ **driver** 名詞 ドライバー

Step 1: Download the printer driver for your operating system.

ステップ1： お使いのオペレーティング・システムのプリンター・ドライバーをダウンロードします。

ドライバーとは、周辺機器を制御するソフトウェアのこと。

☐ **drop-down** 形容詞 ドロップダウンの

From the drop-down list, select the user you want to add.

追加したいユーザーをドロップダウン・リストから選択します。

下（down）に落下（drop）するような動作で表示されることから。

E

☐ **edit** 動詞 編集する

edit_public_posts()

（公開されている投稿を編集する関数）

一般的に「編集」は書籍などにまとめる行為を指すが、ITの分脈ではテキストを追加したり削除したりして変更することも「編集」と呼ばれる。この変更の意味ではrevise（名詞はrevision）が類義語となる。

☐ **editor** 名詞 エディター

If set to true, displays the editor toolbar.

trueに設定されている場合、エディターのツールバーを表示。

エディターは編集用ソフトウェアのこと。一般英語では編集者の意味も。例文では次の丸かっこで示すような言葉が省略されている（2か所）。「If (this value is) set to true, (the software) displays the editor toolbar.」。

☐ **element** 名詞 要素

isEmpty(): Returns true if the list contains no elements.

isEmpty()： リストに要素がない場合、trueを返す。

化学分野では「元素」という意味で使われる。

☐ **empty** 形容詞 空の

// Can be an empty string but never null.

// 空の文字列でも可だがnullにしないこと。

例文はソースコードのコメント。類義語にblank（空白の）がある。

☐ **enter** 動詞 入力する

[Click here to enter a new username]

[新しいユーザー名を入力するにはここをクリック]

一般英語では「入学する」（自動詞）という意味もある。名詞はentry（入力）。

☐ **entry** 名詞 エントリー、入力

Returns the number of entries in the file.

ファイル内のエントリー数を返す。

可算名詞としてのentryは、記入や入力された1つの項目を指す。動詞はenter（入力する）。

☐ **environment** 名詞 環境

Make sure to add the path to your PATH environment variable.

お使いのPATH環境変数にこのパスを必ず追加してください。

自然環境を表す場合は「the environment」とtheを付けるのが一般的。また「env」と略される。

☐ **equal** 形容詞／動詞 等しい／～に等しい

Username [equals / starts with / ends with / contains]:

ユーザー名が [次と等しい / 次で始まる / 次で終わる / 次を含む]：

例文はUIの検索フィールド。動詞のequalは他動詞で、「～ equals …」（～は…に等しい）のように直後に目的語を置く。

☐ **error** 名詞 エラー

There was an error while starting the server.

サーバーの起動中にエラーが発生しました。

「err」と略される。例文ではwhile節内で省略されている主語が、文の主語と一致していない。文法上は誤りとされるが、実際にはよく見かける。

☐ **except** 前置詞 ～を除く

Returns an array of filenames except for "." and ".." in the specified directory.

「.」と「..」を除き、指定ディレクトリー内にあるファイル名の配列を返します。

例文のように「except for <名詞>」の形で用いられることがある。また語源はex（外に）＋cept（つかむ）→除く。

☐ **exception** 名詞 例外

If the value is invalid, an exception will be thrown.

値が無効な場合、例外がスローされます。

例外を発生させる意味の場合、「This method raises an exception.」のように「raise」という動詞もよく用いられる。

☐ **exist** 動詞 存在する

File 'abc.txt' already exists. Do you want to overwrite it?

ファイル「abc.txt」はすでに存在します。上書きしますか？

語源はex（外に）＋ist（立つ）。

☐ **exit** 動詞 終了する

Choose **Cancel** to exit without applying changes.

変更を適用せずに終了するには「キャンセル」を選択します。

語源はex（外に）＋it（行く）。

☐ **expand** 動詞 拡大する、展開する

Click the arrow to expand or collapse the list.

リストを展開したり折りたたんだりするには、矢印をクリックします。

語源はex（外に）＋pand（広げる）。

☐ **expected** 形容詞 期待された

Boolean value expected.

ブール値が期待されていました。

例文は、想定していたものと違う型のデータが入力されたときのエラー・メッセージ。「Boolean value (has been) expected.」のように省略が発生している。また語源はex（外を）＋spect（見る）→期待する。

☐ **export** 名詞／動詞 エクスポート／エクスポートする

createExportDir()

（エクスポート先ディレクトリーを作成するメソッド）

例文のDirはDirectoryの略。語源はex（外に）＋port（運ぶ）。反意語はimport。

☐ **express** 動詞／形容詞 表現する／明示された

To use the APIs beyond these limits, you must obtain our express written consent.

こういった制限を超えてAPIを使用するには、ユーザーは弊社から書面による明示的な同意を得る必要があります。

例文は使用許諾契約。writtenは「書面による」という意味で、法律文書で頻出する。また語源はex（外に）＋press（押す）→表現する。ほかに「（電車が）急行の」や「速達の」といった意味もある。

☐ **expression** 名詞 表現、式

Cannot evaluate the expression.

式を評価できません。

例文はエラー・メッセージ。プログラミングで式（expression）と文（statement）は区別されている。

F

☐ **fail** 動詞 失敗する

Writing to file 'abc.txt' failed.

ファイル「abc.txt」への書き込みが失敗しました。

例文の主語は「Writing to file 'abc.txt'」という無生物主語。

☐ **feature** 名詞 機能、特徴

New experimental features:

新しい実験的機能：

「機能」の意味の場合、製品で特徴となるような機能というニュアンス。

☐ **field** 名詞 フィールド

Sets the maximum number of characters for the text field.

そのテキスト・フィールドの最大文字数を設定。

フィールドとは、UIの場合は入力欄、プログラミングの場合はオブジェクトやインスタンスが持つデータ、データベースの場合はレコード内の1要素を指す。一般英語としては「野」、「田畑」、「専門分野」といった意味がある。

☐ **file** 名詞 ファイル

```
// Delete temporary files here
```

// ここで一時ファイルを削除

一般英語では「（公的に書類を）提出する」（動詞）という意味があり、たとえば「file a lawsuit」で「訴訟を起こす」。使用許諾契約などの法律文書でたまに登場する。

☐ **filter** 名詞／動詞 フィルター／絞り込む

```
var filteredData;
```

（絞り込まれたデータが入る変数）

フィルターとは、何らかの条件に基づいて情報を選別すること。もともとは「ろ過する」という意味。何かを「除去する」ときは「filter out」という表現も使われる。

☐ **fix** 動詞 修正する、解決する

Fixed typo in the release note.

リリース・ノート内の入力ミスを修正した。

例文はコミット・メッセージ。ほかに「固定する」や「決定する」という意味もある。例文では主語（例：This commit）が省略されている。

☐ **flag** 名詞 フラグ

You can use a "g" flag for global search.

グローバルな検索には「g」フラグが使えます。

フラグとは、真と偽で表されるような情報のこと。一般英語では「旗」（フラッグ）を指す。

☐ **folder** 名詞 フォルダー

1. Create a folder with the same name as your application.

1. あなたのアプリケーションと同じ名前のフォルダーを作成します。

フォルダーとは、ファイルやフォルダーを収めておく場所のこと。もともとは「紙ばさみ」の意味。

☐ **following** 形容詞／名詞 次に述べる／次の項目

Do one of the following:

以下のいずれか1つを実行します：

例文のように名詞（the following）で使われることも、形容詞（例：Use one of the following methods.）で使われることもある。

☐ **font** 名詞 フォント

Press the + button to increase the font size.

フォントのサイズを大きくするには「+」ボタンを押します。

フォントとは、文字形状のデザインのこと。

☐ **force** 動詞 強制する

To force users to specify tags, enable this option.

ユーザーにタグを指定することを強制するには、このオプションを有効にします。

「force <人／物> to <動詞>」で「<人／物>に強制して<動詞>させる」という意味。

☐ **format** 名詞／動詞 フォーマット、書式／初期化する

get_date_format()

（日付の書式を取得する関数）

フォーマットとは、データの保存形式や文書の書式のこと。form（形状、形づくる）と同語源。

☐ **function** 名詞 機能、関数

// This function doesn't close the stream.

// この関数はストリームを閉じない。

「機能」と「関数」の意味があるが、どちらも頻出するので文脈で判別する。「fn」と略される。

G

☐ **general** 形容詞 全般の、一般の

You can also change general settings for the server.

サーバーの全般設定を変更することもできます。

語源はgen（種族、生む）＋eral（形容詞にする）→種族全体にかかわる→全般の。反意語はspecific（特定の）。

☐ **generate** 動詞 生成する

generateStringFromFile()

（ファイルから文字列を生成する関数）

語源はgen（種族、生む）＋erate（動詞にする）→生み出す→生成する。

☐ **global** 形容詞 グローバルな、大域の

Gets the names of global variables.

グローバル変数の名前を取得する。

プログラムなどの全体に関わるという意味。一般英語では「世界の」や「地球規模の」という意味で使われることが多い。反意語はlocal（ローカルの、局所の）。

☐ **graphic** 名詞 グラフィック、画像

Parameters: x - The X coordinate where the graphic will be rendered.

パラメーター：x - グラフィックが描画されるX座標。

関連語にgraphical（形容詞：グラフィカルな、画像の）がある。

☐ **guide** 名詞 ガイド

See the developer guide for details.

詳細は開発者ガイドをご覧ください。

ガイドは、手引書や入門書、またレイアウト時に目印や基準となる線を指す。動詞（案内する）で使われることもあり、たとえば「This wizard guides you through the steps.」（このウィザードで手順を案内します）。

H

☐ **hardware** 名詞 ハードウェア

This method determines if camera hardware is available.

このメソッドはカメラのハードウェアが利用可能か判別する。

hardwareは不可算名詞なので「a hardware」や「hardwares」は不可。関連語はsoftware。

☐ **height** 名詞 高さ

var minimumHeight;

（最小の高さが入る変数）

関連語にwidth（幅）、length（長さ）。形容詞はhigh（高い）。

☐ **hide** 動詞 隠す、非表示にする

[Show/Hide]

[表示／非表示]

例文はUIのボタン。hideの過去分詞形hiddenも「hidden by default」（デフォルトで非表示）のようによく使われる。

☐ **highlight** 名詞／動詞 ハイライト／強調表示する

Matches will be highlighted in the editor.

マッチした部分はエディター内で強調表示されます。

例文のmatchは検索などのマッチ部分（可算名詞なので例文ではmatchesと複数形）のこと。

☐ **host** 名詞 ホスト

Enter the IP address of the host: [ ]

ホストのIPアドレスを入力：[ ]

ホストとは、ほかの機器にサービスや処理を提供するコンピューターを指す。もともとは「（客人をもてなす）主人」のこと。

I

☐ **icon** 名詞 アイコン

This tool helps you generate icons for your app.

このツールでアプリのアイコンを生成できます。

アイコンとは、画面に表示され、ファイルなどを示す画像のこと。例文の「helps you <動詞>」は「helps you to <動詞>」とtoが入ってもよい。

☐ **ignore** 動詞 無視する

☑Ignore case

☑大文字小文字を区別しない

caseは「upper case」（大文字）と「lower case」（小文字）の区別を指す。例文ではその区別を「無視する」という意味。検索ダイアログなどでよく使われる表現。

☐ **image** 名詞 画像、イメージ

Click here to download the image file.

画像ファイルをダウンロードするにはここをクリックします。

一般英語としては「（人や組織が与えたり、個人が抱いたりする）印象」という意味もある。

☐ **import** 名詞／動詞 インポート／インポートする

User settings imported successfully.

ユーザー設定が正常にインポートされました。

例文はUIのメッセージ。「User settings (have been) imported successfully.」のように省略が発生している点に注意。インポートとは、ファイルなどを取り込むという意味。一般英語では「輸入」も指す。語源はim←in（中に）＋port（運ぶ）。反意語はexport。

☐ **including** 前置詞 ～を含めて

All asset files, including video, audio, and image, are available now.

ビデオ、オーディオ、画像を含め、すべてのアセット・ファイルが現在入手可能です。

使用許諾契約では「including but not limited to ～」や「including without limitation ～」（～を含むがこれに限定せず）という表現がたまに使われる。語源はin（中に）＋clude（閉じる。closeと同源）。反意語はexcluding（～を除いて）。

☐ **index** 名詞 インデックス、索引、添字

Returns the start index of the selected text.

選択されたテキストの開始添字を戻す。

さまざまな意味があり、数学用語では「指数」、経済用語では「指標」（日経平均株価など）、日常語では「index finger」で「人差し指」。indexの複数形にはindexesとindicesの2つがある。「idx」と略されることも。

☐ **indicate** 動詞 示す

FILE_DELETABLE: A constant indicating if the file can be deleted.

FILE_DELETABLE：ファイルが削除できるかどうか示す定数。

例文のdeletableは「削除可能な」（形容詞）という意味。

☐ **input** 名詞／動詞 入力／入力する

// Checks if the input is an integer here

// 入力が整数であるかをここで確認

反意語はoutput（出力／出力する）。

☐ **install** 動詞 インストールする

The following plugins will be installed automatically:

次のプラグインが自動的にインストールされます：

インストールとは、ソフトウェアをコンピューターに入れて動作するようにすること。ハードウェアの場合は「設置する」という訳語が用いられる。語源はin（中に）＋stall（置く）。

☐ **installer** 名詞 インストーラー

get_installer_file()

（インストーラーのファイルを取得する関数）

インストーラーとは、インストールを補助するソフトウェアのこと。

☐ **instance** 名詞 インスタンス、実例

Unable to access the instance variable "myPhoneNumber".

インスタンス変数「myPhoneNumber」にアクセスできません。

オブジェクト指向プログラミングでインスタンスとは、クラスから生成された実体のこと。一般英語では「実例」の意味で、「for instance」（たとえば）のようなフレーズで用いられる。

☐ **instruction** 名詞 指示

To do this, follow the instructions below.

これをするには、以下の指示に従います。

語源はin←on（上に）＋struct（建てる）。

☐ **integer** 名詞 整数

The value must be an integer between 0 and 11.

値は0から11の間の整数である必要があります。

整数（integer）は、-2、-1、0、1、2…といった数字のこと。「whole number」と呼ばれることもある。「int」と略される。

☐ **interface** 名詞 インターフェイス

[Edit user interface setting]

[ユーザー・インターフェイス設定を編集]

例文はボタン名。インターフェイスは2つの面の接点を表す（user interfaceはユーザーとコンピューター）。語源はinter（間に）＋face（顔）。

☐ **issue** 名詞 問題点

Known issues:

既知の問題点：

例文のknownはknowの過去分詞形で、「知られた」（＝既知の）の意味。一般英語でissueには「発行する」や「発行」の意味もある。

☐ **item** 名詞 項目

Add some TODO items.

TODO項目をいくつか追加。

例文はコミット・メッセージ。itemはリストなど複数ある項目の1つ指す場合に使う。たとえば「menu item」（メニュー項目）や「selected item」（選択項目）。

L

☐ **label** 名詞／動詞 ラベル／ラベルを貼る

On your game controller, press the button labeled X.

お使いのゲーム・コントローラーで、Xとラベルが貼られたボタンを押します。

発音は「ラベル」ではなく「レイベル」に近い（音楽の「レーベル」もこのlabel）。

☐ **latest** 形容詞 最近の

Upgrading to the latest version...

最新バージョンにアップグレード中…

名詞を直接修飾する形容詞（文法用語で限定用法）である点に注意。lateの最上級。

☐ **layer** 名詞 レイヤー、層

To create a new layer, select **Edit** > **New Layer**.

新規レイヤーを作成するには、「編集」→「新規レイヤー」を選択します。

例文はグラフィック・ソフトのマニュアル。この文脈でレイヤーは、その上に描画し、何枚も重ねられるシートを指す。なおメニューの連続選択を表す場合、英語では例文のように「>」や「->」が使われることが多い。

☐ **layout** 名詞 レイアウト

get_layout_direction()

（レイアウト方向を取得する関数）

配置や（ページの）割り付けのこと。動詞はlay outと2語になる。たとえば「Pages have been laid out.」（ページがレイアウトされました）。

☐ **length** 名詞 長さ

MAXIMUM_TEXT_LENGTH

（テキストの最大長さを示す定数）

配列の長さをlengthとするプログラミング言語も多い。関連語にwidth（幅）、height（高さ）。形容詞はlong（長い）。

☐ **level** 名詞 レベル、水準

For earlier API levels, the default value is 0.

以前のAPIレベルでは、デフォルト値は0です。

例文のearlierはearly（早い）の比較級で、「以前の」という意味。またlevelを形容詞で用いた場合、「平らな」や「同水準の」を表す。

☐ **library** 名詞 ライブラリー

This library can be used to parse JSON files.

このライブラリーはJSONファイルをパースするのに使えます。

一般英語では「図書館」や「蔵書」の意味。「lib」と略される。

☐ **license** 名詞／動詞 ライセンス／ライセンス供与する

// This source code is licensed under the Apache License, Version 2.0.

// このソースコードはApacheライセンス（バージョン2.0）の下でライセンス供与されています。

免許（名詞）、免許を与える（動詞）という意味。イギリス英語で「licence」というスペルも使われる。

☐ **limit** 動詞／名詞 制限する／制限

Our liability shall be limited to the extent permitted by law.

当社の責任は法律で許可される範囲に制限するものとします。

例文は使用許諾契約。liabilityは「責任」、extentは「範囲」のこと。

☐ **link** 名詞／動詞 リンク／リンクする

Fix broken links in README.

README内の切れたリンクを修正。

例文はコミット・メッセージ。動詞の場合はconnect（接続する）が類義語。リンクが「切れる」という表現にはbreakを使う。

☐ **local** 形容詞 ローカルの、局所の

[Remove unused local variables]

[未使用のローカル変数を削除]

例文はUIのボタン。特定の範囲（局所）でしか使えない変数をlocal variableと言う。反意語はglobal（グローバルな、大域の）。一方、local computerやlocal machineの場合は「手元の」という意味で、反意語はremote（リモートの、遠隔の）となる。語源はloc（場所）＋al（形容詞にする）。

☐ **location** 名詞 位置、場所

getDeviceLocation(): This method returns the current location of the device.

getDeviceLocation()：このメソッドはデバイスの現在位置を返します。

語源はloc（場所）＋at（動詞にする）＋ion（名詞にする）。

☐ **lock** 動詞／名詞 ロックする／ロック

isScreenLocked(): Returns true if the lock screen is shown.

isScreenLocked()：ロック画面が表示されていればtrueを返す。

ロックは、鍵（lock）をかけるようにして「変更できなくする」や「固定する」という意味。カタカナ表記が同じrock（岩、ロック音楽）と混同しないように注意。

☐ **log** 名詞／動詞 ログ／ログを取る

// All warnings should be logged.

// すべての警告のログを取ること。

ログとは、システムで発生したエラーなどを記録したもの。一般英語では「丸太」（ログハウスのlog）を表す。昔、ロープで結んだ丸太を流して船が進んだ距離を測って記録したことから「ログ」（記録）の意味が生まれたとされる。

☐ **login** 名詞 ログイン

Checks if the user is logged in, and if not, redirects the user to the login page.

ユーザーがログインしているか確認し、していなければログイン・ページにリダイレクトする。

ログインとは、ユーザーがパスワードなどの認証情報を入力し、システムなどの利用を始めること。動詞の場合はlog inと2語になる（例文のlogged inを参照）。類義語はsign in（サインインする）。

☐ **loop** 名詞 ループ

Replace this "for" loop with "while" loop

このforループをwhileループに置き換える

例文はIDEのメニュー項目。ループとはプログラムで繰り返し実行される部分のこと。一般英語で「輪」の意味がある。

M

☐ **manage** 動詞 管理する

This section describes how to manage virtual machines.

このセクションでは、仮想マシンを管理する方法を説明します。

名詞はmanagement。語源はman（手）＋age（名詞にする）。

☐ **manager** 名詞 マネージャー

set_layout_manager()

（レイアウト・マネージャーを設定する関数）

マネージャーは「人」の場合は管理者や経営者を指すが、例文のような場合では管理する「機能」や「ソフトウェア」を指す。

☐ **media** 名詞 メディア

This constant shows that removable media has been mounted on the device.

この定数はリムーバブル・メディアがデバイス上にマウントされていることを示す。

メディアは「媒体」のこと。mediaはmediumの複数形であるが、例文のように単数扱いもされる。一般英語としては「the media」（こちらも単数扱いも複数扱いもされる）でマス・メディアを指す。

☐ **memory** 名詞 メモリー

Minimum Requirements: 4GB of memory and 16GB of hard disk.

最小要件： 4GBのメモリーおよび16GBのハードディスク。

メモリー（やハードディスク）の容量を示すとき、例文のように「～GB of memory (hard disk)」という英語表現が使える。

☐ **merge** 動詞 マージする、統合する

Merge branch 'dev' into 'master'

ブランチ「dev」を「master」にマージ

例文はコミット・メッセージ。会社を合併することもmergeと言う。

☐ **method** 名詞 メソッド、方法

This is a convenient method to convert a number to a string.

これは数字を文字列に変換するのに便利なメソッドです。

一般的には「方法」や「方式」の意味。オブジェクト指向プログラミングの文脈で「メソッド」は、オブジェクトに対する処理や操作の内容のこと。

☐ **missing** 形容詞 見つからない、欠落している

Added missing comma

欠落していたカンマを追加した

例文はコミット・メッセージ。形容詞である点に注意。

☐ **mode** 名詞 モード

isDeveloperMode()

（開発者モードであるかどうかを返すメソッド）

モードは状態のこと。数学や統計の用語としては「最頻値」の意味もある。

☐ **module** 名詞 モジュール

// Returns the list of available modules.

// 利用可能なモジュールのリストを返す。

モジュールは何らかの機能を持つ部品のこと。

N

☐ **network** 名詞 ネットワーク

var virtualNetworkId;

（仮想ネットワークのIDが入る変数）

動詞（ネットワーク接続する）で使われることもある。

☐ **node** 名詞 ノード

Returns true if this node has one or more child nodes.

このノードに1つ以上の子ノードがあればtrueを返す。

ノードは木構造図などにおける点のこと、またはネットワークにおける各機器（コンピューター、ルーターなど）のこと。例文にあるように、英語で「1つ以上」を表すのに「one or more ～」という表現がよく使われる。「more than one」は「1以上」ではなく「1を超える」（1は含まれない）という意味なので要注意。

☐ **none** 代名詞 一つもなし

If none of these options is set, then the default text will be displayed.

これらオプションのどれも設定されていない場合、デフォルトのテキストが表示されます。

「none of <名詞複数形>」が主語の場合、例文のように単数扱い（is）でも複数扱い（are）でも可。また一部のプログラミング言語では予約語となっている。

☐ **normal** 形容詞 標準の

// We let normal error handling deal with this.

// 標準のエラー処理にこれを対処させることにする。

例文はソースコード内のコメント。使役動詞のletは原形不定詞（例文ではdeal）を取る点に注意。またdeal withは「（問題などに）対処する」という意味。

☐ **note** 名詞／動詞 注意／～に注意する

Note that changing this value can result in lower performance.

この値を変更すると、パフォーマンスが低下する可能性がある点に注意してください。

「Note:」（注：）という見出しや、「Note that ～」（～に注意）という構文でよく登場する。例文では「changing this value」が無生物主語となっている点、resultが動詞である点に注意（result inは「～という結果になる」）。

☐ **notice** 名詞 通知、注意

Copyright notice:

著作権情報：

動詞では「気づく」という意味もある。

☐ **null** 形容詞／名詞 空の、nullの／null

A null will be returned if none has been created.

何も生成されていない場合、nullが返されます。

nullは一部のプログラミング言語で予約語。発音は「ヌル」よりも「ナル」に近い。また使用許諾契約では「null and void」（無効な）という形でよく使われる。

O

☐ **occur** 動詞 発生する

If an error occurs, the file will be left unchanged.

エラーが発生すると、ファイルは未変更のままです。

例文のように「leave ～」で「～の状態にしておく」という意味がある。unchangedは「変更されていない」という形容詞。

☐ **operation** 名詞 操作、処理

This method is repeatedly called during a drag-and-drop operation.

このメソッドはドラッグ・アンド・ドロップ操作中に繰り返し呼び出されます。

動詞はoperate（操作する）。一般英語としては「手術」の意味もある。「処理」と訳される類義語には、ほかにhandlingやprocessがある。「op」や「ops」（複数形）と略される。

☐ **option** 名詞 オプション

The list below shows available options.

以下のリストで利用可能なオプションを示します。

オプションは選択肢（の1つ）のこと。「opts」（複数形）と略される。

☐ **optional** 形容詞 任意の、オプションの

Email address and password are required, and all other fields are optional.

メールアドレスとパスワードは必須で、その他すべてのフィールドは任意です。

反意語としては例文にあるrequired（形容詞：必須の）がよく使われる。

☐ **output** 名詞／動詞 出力／出力する

var outputFileLocation;

（出力ファイルの場所が入る変数）

反意語はinput（入力／入力する）。

☐ **override** 動詞 オーバーライドする、優先する

Setting this option overrides the default value.

このオプションを設定することで、デフォルトの値よりも優先されます。

オーバーライドは何かをより優先するという意味。overwrite（上書きする）と似ているが別の単語なので注意。なお過去形はoverrode、過去分詞形はoverridden。

☐ **owner** 名詞 所有者、オーナー

is_document_owner()

（ドキュメントの所有者であるかどうかを返す関数）

own（所有する）＋er（人）。発音は「オーナー」より「オゥナー」に近い。

P

☐ package　名詞　パッケージ

Package 'mypkg' does not exist. Do you want to create this package?

パッケージ「mypkg」は存在しません。このパッケージを作成しますか？

例文はIDEのエラー・メッセージ。パッケージは一般英語で「小包」のこと。

☐ pane　名詞　ペイン、ウィンドウ

[Split pane]

[ペインを分割]

例文はIDEのボタン。一般英語でpaneは窓やドアにあるガラス1枚のこと。そこからUIのウィンドウ内の1区画をペインと呼ぶ。

☐ parameter　名詞　パラメーター、仮引数

The second parameter must be an integer.

2番目のパラメーターは整数でなければなりません。

パラメーターは、関数やメソッドが呼び出される際に渡される値を受け取る変数のこと。関連語はargument（引数、実引数）。「param」や「params」（複数形）と略される。

☐ pass　動詞　渡す

// If integers are passed as arguments, we need to convert them to strings here.

// もし引数として整数が渡された場合、ここでそれを文字列に変換する必要がある。

例文はソースコード内のコメント。passは多義で、動詞としてはほかに「通過する」、「時間が経つ」、「合格する」、名詞としては「定期券」、「通行証」、「（サッカーなどの）パス」といった意味もある。

☐ patch　名詞　パッチ、修正プログラム

[Apply patch...]

[パッチを適用...]

例文はIDEのメニュー項目。一般英語で「（破れた部分などを覆う）あて布」のこと。

☐ path　名詞　パス

is_absolute_path()

（絶対パスかどうかを返す関数）

一般英語では「（人が歩く）道」の意味がある。カタカナ表記した場合、pass（渡す）と混同しないように注意。

□ **perform** 動詞 実行する

Cannot perform refactoring operation using the selected elements.

選択した要素を使ってリファクタリング処理は実行できません。

例文はIDEのエラー・メッセージ。ほかに「演奏する」、「実演する」、「（約束などを）果たす」という意味もある。語源はper（完全に）＋form（形）→完全に形づくる。名詞はperformance（性能、パフォーマンス）。

□ **performance** 名詞 性能、パフォーマンス

You can improve performance by using this option.

このオプションを使用することでパフォーマンスを改善できます。

ほかに「演奏」や「上演」の意味も。動詞はperform（実行する）。

□ **permission** 名詞 許可、パーミッション

If the user doesn't have the required permission, the data cannot be written.

必要な許可をユーザーが得ていない場合、データは書き込めません。

パーミッションはUNIXやLinuxにおけるファイルへのアクセス許可のこと。動詞はpermit（許可する）。

□ **physical** 形容詞 物理的な

[Deploy this app to a physical device]

[このアプリを物理デバイスにデプロイ]

反意語はvirtual（仮想の）。

□ **pool** 名詞 プール

set_max_pool_size(int)

（プールの最大サイズを設定する関数。引数は整数）

プールとは、すぐに使えるよう一時的に溜められたリソースやその場所のこと。一般英語では「（水泳用の）プール」や「水たまり」の意味。

□ **popup** 名詞 ポップアップ

Step 2: In the popup dialog, type your username.

手順2：ポップアップのダイアログで、あなたのユーザー名を入力します。

ポップアップは、飛び出る（pop up）ように表示されるUI要素。pop-upとハイフンでつながれることもある。また動詞はpop upと2語（例：A dialog box pops up.）。

☐ **port** 名詞 ポート

DEFAULT_HTTPS_PORT

（デフォルトのHTTPSポートが入る定数）

ポートとは、ネットワークなどの接続部分のこと。一般英語では「港」の意味。動詞としては「（別のOSなどに）移植する」という意味がある。この関連語にportable（形容詞）という言葉があるが、その場合は「持ち運び可能」や「携帯用」ではなく「移植可能」という意味になるので注意。

☐ **position** 名詞 位置

getCurrentPosition()

（現在位置を取得するメソッド）

語源はposit（置く）＋ion（名詞にする）。「pos」と略される。

☐ **press** 動詞 押す

Press this button to edit the selected item.

選択した項目を編集するにはこのボタンを押します。

一般英語としては「報道機関」や「印刷機」といった意味もある。類義語にpush（押す）がある。

☐ **preview** 名詞／動詞 プレビュー／プレビューする

This window allows you to preview your animation.

このウィンドウでアニメーションをプレビューできます。

プレビューは、実際に印刷や表示をする前に閲覧すること。語源はpre（前に）＋view（見る）。一般英語では「（映画の）試写」の意味がある。

☐ **previous** 形容詞 前の

[< Previous Page]

[< 前のページ]

反対に「次の」を指す場合はnextが使われることが多い（例：[Next Page >]）。「prev」と略される。

☐ **print** 動詞 印刷する、出力する

Don't print error when getUsername() returns an empty string getUsername()が空の文字列を返したときにエラーを出力しないようにした

例文はコミット・メッセージ。実際に紙に印刷するだけでなく、画面上に表示（出力）するのもprintと言う。

☐ **process** 名詞／動詞 プロセス、処理／処理する

This section describes the process of adding a user.

このセクションではユーザーを追加するプロセスを説明します。

語源はpro（前に）＋cess（行く）。「処理」と訳される類義語には、ほかにhandlingやoperationがある。

☐ **profile** 名詞 プロファイル、プロフィール

The Hardware Manager lets you create a new hardware profile.

Hardware Managerを使うと、新しいハードウェア・プロファイルを作成できます。

「プロファイル」はユーザーやハードウェアなどに関する設定情報のこと。「プロフィール」は人物紹介の場面で用いられる傾向がある。ただし英語の発音は「プロファイル」が近い。

☐ **properly** 副詞 適切に、正常に

Make sure the installation folder is configured properly.

インストール先フォルダーが適切に構成されているか確認してください。

形容詞はproper（適切な）。

☐ **property** 名詞 プロパティー

By setting the following system property, you can change the logging level.

次のシステム・プロパティーを設定することで、ログ取得のレベルを変更できます。

プロパティーとは、特性や属性を示す情報のこと。一般英語では「財産」や「所有物」の意味がある。「prop」や「props」（複数形）と略される。

☐ **protect** 動詞 保護する

We will use reasonable efforts to protect information submitted by users.

当社はユーザーから送信された情報を保護するのに合理的な努力をします。

例文は使用許諾契約。一部のプログラミング言語で「protected」は予約語となっている。語源はpro（前に）＋tect（覆う）。

☐ **provide** 動詞 提供する

Our services are provided "as is" without warranties of any kind.

当社のサービスは「現状有姿」で提供され、いかなる保証もありません。

例文は使用許諾契約。現状有姿とは「今あるまま」という意味。

☐ **public** 形容詞 公開の

isPublic(): Return true if this website is public.

isPublic(): このウェブサイトが公開状態の場合、trueを返す。

反意語はprivate（プライベートな、非公開の）。一部のプログラミング言語でpublicは予約語。

☐ **publish** 動詞 公開する

You must register with our developer program to publish your app.

アプリを公開するには、当社の開発者プログラムに登録する必要があります。

publicにすること。一般英語としては「出版する」という意味がある。例文の「register with ～」は「～に登録する」。

☐ **pull** 動詞／名詞 プルする、取得する／プル

Merge pull request #15 from taro/dev

taro/devからのプルリクエスト#15をマージ

例文はコミット・メッセージ。一般英語では「引く」という意味で、反意語はpush（押す、プッシュする）。例文のプルリクエストとは、ソースコードに加えた変更を取り込むよう依頼すること。

☐ **push** 動詞 押す、プッシュする

Finally, push the commit to the remote repository.

最後に、コミットをリモート・リポジトリーにプッシュします。

反意語はpull（プルする、取得する）、類義語にpress（押す）がある。

Q

☐ **query** 名詞 クエリー、問い合わせ

query_result

（クエリーの結果が入る変数）

クエリーは、データベースに対する問い合わせのこと。一般英語では「質問」や「疑問」の意味。questionと語源は同じ。

R

□ range　名詞　範囲

The integer value must be in the range of 0 to 255.

整数値は0～255の範囲でなければなりません。

例文のように「in the range of A to B」で「A～Bの範囲で」という意味。

□ real-time　形容詞　リアルタイムの

This pane shows a real-time graph of the app's memory use.

このペインでは、アプリのメモリ使用量に関するリアルタイムのグラフを表示します。

リアルタイムとは、実時間で（＝即座に）という意味。realtimeとハイフンなしで書かれることもある。

□ receive　動詞　受信する

This method will be called when all data has been received from the server.

すべてのデータがサーバーから受信されると、このメソッドが呼ばれます。

反意語はsend。語源はre（元に）＋ceive（つかむ）。なお例文でdataは不可算名詞（単数扱い）。

□ recommend　動詞　推奨する

It is highly recommended that you update the plugin to version 5.5 or later.

プラグインをバージョン5.5以降にアップデートすることを強くお勧めします。

例文のように「it is recommended that ～」という形でよく使われる。

□ record　動詞／名詞　記録する／記録、レコード

Returns false if no values have been recorded.

値が何も記録されていない場合、falseを返す。

データベース（RDB）におけるレコードとは、1件分あるいは1行分のデータ（複数のフィールドから構成）のこと。

□ refactor　動詞　リファクタリングする、リファクターする

Cannot refactor this method.

このメソッドをリファクタリングできません。

例文はIDEのエラー・メッセージ。外側から見た機能は保ったまま、内部のソースコードを書き換えて改良すること。

☐ **refer** 動詞 参照する

For more information, refer to the web page at www.example.com.

詳細については、www.example.comを参照してください。

例文のように「refer to ～」（～を参照）の形で用いられることが多い。語源はre（元に）＋fer（運ぶ）。

☐ **reference** 名詞／動詞 参照、リファレンス／参照する

You cannot add circular references.

循環参照は追加できません。

名詞に加え、動詞（他動詞）でもあるので注意。「ref」や「refs」（複数形）と略される。

☐ **release** 動詞 リリースする、公開する

A new version will be released soon.

新しいバージョンがもうすぐ公開されます。

一般英語としては「解放する」という意味もある。語源はre（再び）＋lease（ゆるんだ。relaxのlaxに同じ）。

☐ **remove** 動詞 削除する

[Remove selected items from list]

[選択した項目をリストから削除]

ほかに「移す」という意味もある。語源はre（元に）＋move（動かす）。類義語にdelete（削除する）がある。ニュアンスの違いはdelete（ベーシック300）の項目を参照。

☐ **rename** 動詞 名前を変更する

Do you want to rename the project 'temp' to 'version01'?

プロジェクト「temp」を「version01」に名前変更しますか？

語源はre（再び）＋name（名前を付ける）。

☐ **replace** 動詞 置換する

[Replace this 'for' loop with 'while' loop]

[このforループをwhileループに置換]

語源はre（再び）＋place（置く）。例文のように「AをBに置き換える」という表現では「replace A with B」が用いられる。

☐ **report** 動詞／名詞 報告する／レポート

Parameter: notify - If set to true, caught exceptions will be reported.

パラメーター：notify - trueに設定された場合、捕捉された例外は報告される。

例文のcaughtはcatch（捕捉する、キャッチする）の過去分詞形。語源はre（元に）＋port（運ぶ）→元の場所に運ぶ→報告する。

☐ **request** 名詞／動詞 要求、リクエスト／要求する

send_login_request()

（ログイン要求を送信する関数）

語源はre（再び）＋quest（尋ねる）。「req」と略されることもある。

☐ **require** 動詞 必要とする

// No additional work is required here

// ここでの追加作業は必要ない

例文はソースコードのコメント。語源はre（再び）＋quire（尋ねる）。

☐ **reset** 動詞 リセットする

resetTimeout()

（タイムアウトをリセットする関数）

語源はre（再び）＋set（設定する）。

☐ **resource** 名詞 リソース、資源

DEFAULT_RESOURCE_URL

（デフォルトのリソースURLを示す定数）

リソースは資源の意味で、プロセッサー、メモリー、ネットワークなど、処理に必要なさまざまなものを指す。

☐ **respond** 動詞 応答する、返信する

Adds a listener that responds to click events.

クリック・イベントに応答するリスナーを追加する。

例文はAPIリファレンスのメソッド説明。名詞はresponse（応答）。

☐ **response** 名詞 応答

var httpResponseBody;

（HTTP応答メッセージの本文が入る変数）

「res」や「resp」と略される。動詞はrespond（応答する）。スペルが近いresponsibleは「責任のある」という意味（語源は同じ）。

☐ **restart** 動詞 再起動する

To apply changes to plugins, restart the IDE.

プラグインへの変更を適用するには、IDEを再起動します。

語源はre（再び）＋start（開始する）。類義語にreboot（再起動する）がある。

☐ **result** 名詞 結果

search_results_file

（検索結果が書かれたファイルが入る変数）

動詞もあり、「〜 result in …」（〜は…という結果になる）がよく使われる。

☐ **right-click** 動詞 右クリックする

Right-click the user, and then choose Remove.

ユーザーを右クリックし、続いて「削除」を選択します。

clickやright-clickは、例文のように他動詞（click 〜）として使うことも、自動詞（click on 〜）として使うことも可能。

☐ **role** 名詞 役割、ロール

Different roles can be assigned to members of your company.

御社のメンバーに異なるロールを割り当てることが可能です。

roll（転がる）と似ているが別の単語。

☐ **root** 名詞 ルート

root_dir

（ルート・ディレクトリーが入る変数）

一般英語では「根」の意味。カタカナで書くとroute（経路）と同じになるので注意。

☐ **route** 名詞 経路、ルート

Returns true if this route is a default route.

このルートがデフォルトのルートである場合、trueを返す。

カタカナ表記が同じrootとの混同に注意。関連語にrouter（ルーター）がある。

☐ **row** 名詞 行

Parameter: row - The number of rows to fetch.

パラメーター：row - 取得する行数。

反意語はcolumn（列）。発音は「ロー」より「ロウ」が近い。なおスペルが似ている raw（生の）は「ロー」。

S

☐ **save** 動詞 保存する

Modified files will be saved in the selected directory.

修正したファイルは選択したディレクトリーに保存されます。

一般英語としては「救う」という意味がある。語源はsafe（安全な）と同じ（安全にする→救う）。類義語にstore（保存する、格納する）。

☐ **scan** 動詞 スキャンする、走査する

This function allows you to scan Wi-Fi networks.

この機能を使うと、Wi-Fiネットワークをスキャンできます。

スキャンとは、何かを発見しようと調べること、または光学的に印刷物を読み取ること。

☐ **schedule** 名詞／動詞 予定、スケジュール／予定する

Do you want to schedule the following tasks for execution?

以下のタスクを実行するようスケジュールしますか？

例文はIDEのメッセージ。動詞としても使われる点に注意。関連語にplan（計画／計画する）。

☐ **screen** 名詞 画面

You can also let users choose the screen resolution.

ユーザーに画面解像度を選択してもらうことも可能です。

動詞の場合は「選抜する」や「遮断する」という意味もある。例文のletは「自由に何かをさせる」というニュアンスがある使役動詞で、「let <人> <動詞原形>」という構文になる。

☐ **script** 名詞 スクリプト

// This script is used only for generating a new project.

// このスクリプトは新規プロジェクトを生成するためにだけ使われます。

スクリプトとは、スクリプト言語で書かれたプログラムのこと。一般英語としては「台本」の意味がある。scriptの語源は「書かれたもの」で、description（記述）やsubscription（サブスクリプション。名前を下に書いて同意したことから）にも見られる。

☐ **scroll** 動詞 スクロールする

can_scroll_list_horizontally()

（リストを水平方向にスクロールできるかどうかを返す関数）

scrollはもともと「巻物」のこと。例文にあるhorizontally（副詞：水平に）の反意語はvertically（副詞：垂直に）。

☐ **search** 動詞／名詞 検索する／検索

Searches this list for the specified username.

指定されたユーザーをこのリスト内で検索します。

searchという動詞は例文のように「search <検索場所> for <検索対象>」という形を取る。日本語と発想が違うので注意。またfindやlookupも「検索」と訳される。

☐ **security** 名詞 セキュリティー

For information about the security vulnerability, see the website below:

セキュリティー上の脆弱性に関する情報は、以下のウェブサイトを参照してください：

一般英語としては「安全」や「抵当」のほか、債券などの「有価証券」（securitiesで）の意味もある。例文のvulnerabilityは「脆弱性」のこと。

☐ **select** 動詞 選択する

By selecting **File** > **New Project**, you can create a new project.

「ファイル」→「新規プロジェクト」と選択することで、新しいプロジェクトを作成できます。

類義語にchooseがあり、chooseの方がより日常語に近いが、どちらもよく使われる。selectは特にメニューから選ぶ際に用いられる。語源はse（離れて）＋lect（選ぶ。collectにも）→選別する。

☐ **server** 名詞 サーバー

Server failed to start. Port is already in use.

サーバーの起動に失敗しました。ポートはすでに使用中です。

例文はIDEのエラー・メッセージ。サーバーとは、ネットワーク上でほかのコンピューター（client）からの要求を受けてデータや処理結果などを提供するコンピューター（またはソフトウェア）のこと。serveには「仕える」や「給仕する」という意味がある。

☐ **setting** 名詞 設定

[Edit Printer Settings]

[プリンターの設定を編集]

例文はIDEのボタン。settingsと複数形で用いられることが多い。関連語にconfiguration（構成）、customize（カスタマイズする）、preference（ユーザー設定）、setup（セットアップ）がある。

☐ **shape** 名詞 形状

This section explains how to create and display a basic 3D shape.

このセクションでは基本的な3D形状を作成して表示する方法を説明します。

動詞で使うと「形成する」。

☐ **share** 動詞 共有する

Asset files can be shared by all projects on this computer.

アセット・ファイルはこのコンピューター上の全プロジェクトで共有できます。

名詞の場合、「取り分」のほかに「市場占有率（シェア）」や「（会社の）株」といった意味もある。

☐ **shortcut** 名詞 ショートカット

[Add Shortcut to Desktop]

[デスクトップにショートカットを追加]

ショートカットとは、ユーザーがアプリケーションや機能をすばやく利用できるようにする仕組みのこと。一般英語で「近道」のこと。

☐ **sign** 名詞／動詞 記号／サインイン(sign in)する、サインアウト（sign out）する

Step 1: Sign in to the Server Management Console.

ステップ1：サーバー管理コンソールにサインインします。

記号のsignはプラス（plus sign）やマイナス（minus sign）などの言葉で用いられる。また「～にサインインする」は「sign in to ～」、「～からサインアウトする」は「sign out of（またはfrom）～」と表現する。

☐ **skip** 動詞 スキップする、とばす

If you plan to use a local file, you can skip the next step.

ローカル・ファイルを使う予定の場合、次の手順はスキップできます。

スキップは、操作などをとばして実施しないこと。跳ね回る意味での「スキップ」もこの単語。

☐ sort 動詞 並び替える、ソートする

Sort by: [Name/Date/Type]

ソート順：[名前／日付／種類]

例文はIDEのUI。何かの基準でソートする（並び替える）場合、例文のように前置詞byが用いられる。また関連表現として「ascending order」（昇順）や「descending order」（降順）がある。

☐ source 名詞 ソース、～元（送信元など）

An input source must be specified in advance.

入力ソースを事前に指定しておく必要があります。

「～元」の意味に対する反意語には、target（～先）やdestination（～先）がある。「src」と略される。

☐ specific 形容詞 特定の

This function returns the information about a specific plugin.

この関数は特定のプラグインに関する情報を返します。

「特定の」は名詞の前に置かれる限定用法で用いられる（例文のようにa specific plugin）。反意語はgeneral（全般の）やgeneric（汎用の）、類義語にparticular（特定の）がある。

☐ specify 動詞 指定する

If the value is specified and is zero, no items will be removed.

値が指定されてゼロだった場合、どの項目も削除されません。

一般英語としては「細かく述べる（書く）」や「明示する」という意味がある。

☐ state 名詞 状態

get_connection_state()

（接続状態を取得する関数）

一般英語としては「国」や「州」（名詞）、「述べる」（動詞）の意味もある。また類義語にstatus（状態。語源も同じ）。

☐ status 名詞 状態、ステータス

updateNetworkStatus()

（ネットワークのステータスを更新するメソッド）

一般英語としては「地位」や「身分」の意味もある。類義語にstate（状態）。

☐ step 名詞 ステップ、手順

To edit a profile, follow the steps below:

プロファイルを編集するには、以下の手順に従います：

stepは一連の手順のうちの1つを指す。そのため手順が複数（例：1〜5）あれば例文のようにstepsと複数形を使う。

☐ **store** 動詞 保存する、格納する

Our service allows you to download, store, and manage photos.

弊社のサービスを使うと、ユーザーは写真をダウンロード、保存、および管理できます。

類義語にsave（保存する）がある。例文のように、英語のyouは日本語で「ユーザー」と訳すと適切な場合がある。

☐ **string** 名詞 文字列

Keys and values must be strings.

キーと値は文字列である必要があります。

一般英語で「ひも」の意味がある。文字がひと続きでひものようになっているため。「str」と略される。

☐ **submit** 動詞 提出する、送信する

Step 3: Make necessary changes and press the **Submit** button.

手順3：必要な変更を加え、「送信」ボタンを押します。

語源はsub（下に）＋mit（送る）。一般英語では「服従する」という意味もある。

☐ **successful** 形容詞 成功した

Upon successful creation, the icon will be displayed.

作成に成功すると、そのアイコンが表示されます。

副詞はsuccessfully（正常に）。語源はsuccess（成功）＋ful（形容詞にする。満ちた意味の「full」）→成功に満ちた。

☐ **supply** 動詞 提供する、供給する

If negative values are supplied, the size decreases accordingly.

マイナスの値が提供された場合、それに応じてサイズも縮小します。

「供給」という名詞もあり、IT分野では「Supply Chain Management（SCM）」などの言葉に登場する。例文のaccordinglyは「それに応じて」という意味。

☐ **support** 動詞／名詞 サポートする、支援する／サポート

// Gets information about supported languages.

// サポートされている言語に関する情報を取得。

コンピューターやソフトウェアが「サポートする」とは、機器、データ形式、言語などに対応していること。語源はsup←sub（下に）＋port（運ぶ）→支える。

☐ **switch** 動詞／名詞 切り替える／スイッチ

You can switch between windows by pressing Alt + Tab.

AltとTabを押すことで、ウィンドウ間で切り替えができます。

いくつかのプログラミング言語で予約語にもなっている。また類義語にtoggle（切り替える）がある。

☐ **system** 名詞 システム

getSystemStatus()

（システムのステータスを取得するメソッド）

システムとは、個々の要素が集まって全体として動作するもののこと。一般英語では「組織」、「制度」、「体系」といった意味もある。

T

☐ **tab** 名詞 タブ

[Preview in a separate tab]

[別のタブでプレビュー]

例文はIDEのボタン。一般的に「タブ」は、何か（ノートの見出しや缶など）から少し出ていてつまめるような部分を指す。例文の場合はエディターのペインの端に付いているタブのこと。また、キーボードのtabキーも指す。

☐ **table** 名詞 表、テーブル

Cannot remove the selected column from the table.

選択した列を表から削除できません。

一般英語では「食卓」の意味があるが、ソフトウェア分野では「表」を指すことがほとんど。

☐ **tag** 名詞 タグ

remove_html_tags(str)

（HTMLタグを削除する関数。引数は文字列）

HTMLなどのタグは、テキストの前後に配置して特殊な意味を付与する記号のこと。一般英語としては「値札」や「名札」などを指す。

☐ **target** 名詞 ターゲット、対象、～先（移動先など）

target_dir_path

（移動先ディレクトリーのパスが入る変数）

「～先」の意味の反意語はsource（～元）。一般英語では「的（まと）」や「目標」の意味。

☐ **task** 名詞 タスク

The following list shows executable tasks.

以下のリストでは実行可能なタスクを表示しています。

タスクとは、しなければならない仕事、あるいはコンピューターによる作業を指す。類義語にjobがある。例文のexecutableは「実行可能な」という形容詞。

☐ **template** 名詞 テンプレート

template_file_exists()

（テンプレート・ファイルが存在するかどうかを返す関数）

テンプレートとは、文書などを作成する際の「型」のこと。

☐ **temporary** 形容詞 一時的な

Creates a temporary file in the specified directory.

指定のディレクトリーに一時ファイルを作成。

例文はAPIリファレンスのメソッド説明。反意語はpermanent（永続の）。また「temp」や「tmp」と略される。

☐ **throw** 動詞 スローする、投げる

If the value is zero or less, an exception will be thrown.

値が0以下だった場合、例外がスローされます。

スローは例外などを発生させる（投げる）こと。スローした例外などを「受け取る」ときはcatchという言葉が用いられる。例文のthrownは過去分詞形（過去形はthrew）。なお「0未満」（0は含まれない）は「less than 0」となる。

☐ **timeout** 名詞 タイムアウト

setConnectionTimeout()

（タイムアウトまでの時間を設定するメソッド）

タイムアウトとは、一定時間成功しなかった後に自動停止すること。スポーツにおけるタイムアウトは競技の中断。

☐ **touch** 名詞／動詞 タッチ／タッチする

If set to false, the dispatching of touch events stops.

falseに設定された場合、タッチ・イベントのディスパッチが停止します。

タッチ・スクリーンに触ること。このタッチ動作はtap（タップする。軽く叩く意味）と呼ばれることもある。例文のディスパッチは「発信」や「発送」を表す。

☐ **translate** 動詞 変換する、翻訳する

Translates a domain name into an IP address.

ドメイン名をIPアドレスに変換。

例文はAPIリファレンスの関数説明。語源はtrans（～を超えて）＋late（運ぶ）。

☐ **type** 名詞／動詞 型、種類／（キーボードで）入力する

Specify the type of this variable.／[Click here to type]

この変数の型を指定してください。／[ここをクリックして入力]

例文は共にIDEのメッセージと入力フィールド。動詞（入力する）と名詞（型、種類）で意味が大きく異なるので注意が必要。

U

☐ **unable** 形容詞 不可能な

Unable to connect to the database server.

データベースのサーバーに接続できません。

何かができないというエラー・メッセージには「Cannot ～」と例文の「Unable to ～」がよく使われる。語源はun（否定）＋able（できる）。

☐ **undo** 動詞 元に戻す

Do you delete this file? You cannot undo this operation.

このファイルを削除しますか？　この操作は元に戻せません。

語源はun（否定）＋do（する）。また関連語にredo（やり直す）がある。

☐ **uninstall** 動詞 アンインストールする

Click **Uninstall** to remove the selected plugins from the system.

選択したプラグインをシステムから削除するには、「アンインストール」をクリックします。

語源はun（否定）＋install（インストールする）。

☐ **unit** 名詞 単位、ユニット

Added a unit test for tax calculation

税金計算のユニット・テストを追加

例文はコミット・メッセージ。語源としてはunitのuniは「1」のこと。そこから単一であるというニュアンス。

☐ **unused** 形容詞 未使用の

Choosing this option removes all unused imports.

このオプションを選択すると、未使用のインポートはすべて削除されます。

語源はun（否定）＋used（使用される）。例文は無生物主語（Choosing this option）の構文である点に注意。

☐ **update** 動詞／名詞 更新する／更新

is_config_info_updated()

（構成情報が更新されたかどうかを返す関数）

例文のconfigはconfigurationの略。

☐ **upgrade** 動詞 アップグレードする

Follow the steps below to upgrade the software version.

ソフトウェアのバージョンをアップグレードするには、以下の手順に従います。

grade（等級）を上げるという意味。

☐ **upload** 動詞／名詞 アップロードする／アップロード

By uploading photos, you can make them available to all users.

写真をアップロードすることで、全ユーザーがそれを利用可能になります。

反意語はdownload。関連語にload（読み込む）、reload（再読み込みする）がある。

V

☐ **value** 名詞 値

The expected value is in the range of 0 to 255.

期待されている値は0～255の範囲です。

一般英語では「価値」や「価格」の意味も。例文の「in the range of ～」は「～の範囲で」。「val」と略されることも。

☐ **variable** 名詞 変数

Use this debugger to inspect local and global variables.

ローカル変数とグローバル変数を検査するには、このデバッガーを使います。

形容詞としては「可変の」という意味がある。また関連語にconstant（定数）がある。「var」や「vars」（複数形）と略される。

☐ **version** 名詞 バージョン、版

current_api_version

（現在のAPIバージョンが入る変数）

語源はvers（曲がる）＋ion（名詞にする）→曲げてできたもの。類義語にedition（エディション、版。書籍の「第2版」などにはeditionを使う）がある。

☐ **view** 動詞／名詞 表示する／表示、ビュー

[View log file]

[ログ・ファイルを表示]

viewは日本語で「表示する」という訳語が使われることが多いが、英語の基本的な意味としては「（誰かが何かを）見る」。表示する意味ではdisplayやshowも類義語である。カタカナ表記の「ビュー」は文脈に応じてさまざまなものを指す。データベースの場合は何らかの基準によって組み合わせて生成した表、ウェブ・アプリケーション開発の場合は表示を担当する部分（MVCのV）、さらに、一般的には特定の表示画面を表すことがある。

W

☐ **warn** 動詞 警告する

has_warned_about_missing_plugin

（プラグインが見つからないことについて警告したかどうかが入る変数）

英語の発音は「ウォーン」に近い。類義語にalertやcautionがある（共に「警告する」）。

☐ **warning** 名詞 警告

Warning: This operation will cause all data to be erased.

警告：この操作ですべてのデータが消去されます。

alertやcautionは「警告」の意味で類義語。例文にある「<主語> cause <目的語> to ～」は「<主語>（が原因）で<目的語>が～になる」という意味になる。またeraseは「消去する」。

☐ **widget** 名詞 ウィジェット

isActiveWidget()

（アクティブなウィジェットであるかどうかを返すメソッド）

ウィジェットは画面に表示され、特定の機能を果たす小さなアプリのこと。

☐ **width** 名詞 幅

Resizes the image to specified width and height.

指定の幅と高さに画像をサイズ変更。

例文はAPIリファレンスの関数説明。関連語にheight（高さ）、length（長さ）。形容詞はwide（広い）。

☐ **wizard** 名詞 ウィザード

This wizard will create a movie from photos.

このウィザードは写真から動画を作成します。

ウィザードは、ユーザーに1つずつ質問して設定やインストールなどを完了させる仕組み。一般英語としては「魔法使い」や「（何かの分野の）名人」を指す。

第6章

アドバンスト300

本章ではアドバンスト・レベルの300語を例文および解説とともに取り上げます。

アドバンスト300は、やや高度な英単語、またはたまに目にする英単語で、プログラミング英語検定「アドバンスト」レベル試験の語彙問題の出題範囲となっています。

A

☐ **abstract** 形容詞 抽象的な、抽象の

All abstract methods must be implemented.

すべての抽象メソッドを実装する必要があります。

例文はIDEのエラー・メッセージ。abstractは一部のプログラミング言語では予約語になっている。また反意語はconcrete（具体的な、具象の）。

☐ **accessibility** 名詞 アクセシビリティー

The alt text should be added for accessibility reasons.

アクセシビリティーの理由から、altのテキストを追加すべきです。

アクセシビリティーとは利用しやすさを指す。例文中のaltは、HTMLのimgタグのalt属性のこと。

☐ **accessible** 形容詞 アクセス可能な、利用可能な

The website is not accessible on the internet until you click the **Publish** button.

「公開」ボタンをクリックするまで、ウェブサイトはインターネット上でアクセス可能になりません。

語源はaccess（アクセスする）＋ible（可能な）。

☐ **activate** 動詞 有効にする、アクティブにする

To use this feature, install and activate the plugin first.

この機能を使うには、まずプラグインをインストールして有効にします。

語源はactiv（有効な）＋ate（動詞にする）。名詞はactivation（アクティブ化、有効化）。反意語はdeactivate（非アクティブにする）。

☐ **active** 形容詞 有効な、アクティブな

is_account_active()

（アカウントが有効かどうかを返す関数）

語源はact（行う）＋ive（形容詞にする）。反意語はinactive（非アクティブな）。

☐ **additional** 形容詞 追加の

// Additional files will also be loaded as necessary.

// 必要に応じて追加のファイルも読み込まれる。

例文はソースコードのコメント。「as necessary」は「必要に応じて」という意味。

☐ **adjust** 動詞 調整する

By pressing the arrow keys, you can adjust the position.

矢印キーを押すことで、位置を調整できます。

語源はad（～に）＋just（正しい）→正しくする。

☐ **administrator** 名詞 管理者

If you cannot change VPN settings, contact your network administrator.

VPN設定を変更できない場合、御社のネットワーク管理者に連絡してください。

「admin」と略される。例文のVPNはVirtual Private Networkの頭字語。

☐ **aggregate** 動詞 集約する

Data will be aggregated to provide insights into users.

データが集約され、ユーザーに関する理解を深められます。

例文のinsightは「（どういうものであるかという）理解」や「知見」のこと。

☐ **alias** 名詞 エイリアス、別名

This length() is a function alias for size().

このlength()はsize()の関数エイリアスです。

一般英語でも「別名」の意味だが、犯罪者が使う別名を指す。

☐ **allocation** 名詞 割り当て

Use this option to track your app's memory allocation.

お使いのアプリのメモリー割り当てを追跡するには、このオプションを使います。

動詞はallocate（割り当てる）。語源はal←ad（〜に）＋loc（場所。localなど参照）＋at（動詞にする）＋ion（名詞にする）。assignmentとのニュアンスの違いはassignment（アドバンスト300）の項を参照。

☐ **annotation** 名詞 アノテーション、注釈

[Add @Override annotation here]

[ここに@Overrideアノテーションを追加]

動詞はannotate（注釈を付ける）。語源はan←ad（〜に）＋not（印を付ける）＋at（動詞にする）＋ion（名詞にする）。

☐ **anonymous** 形容詞 無名の、匿名の

Add name to anonymous function

無名関数に名前を追加

例文はコミット・メッセージで、aなどの冠詞が省略されている。

☐ **append** 動詞 追加する

append_child_node()

（子ノードを追加する関数名）

「追加する」という意味の英単語はいくつかあるが、appendは末尾に付け加えるニュアンス。語源はap←ad （〜に）＋pend（吊るす）。

☐ **applicable** 形容詞 該当する、適用可能な

You agree to comply with all applicable laws and our policies.

あなたはすべての適用法および当社ポリシーに従うことに同意します。

例文は使用許諾契約。「comply with 〜」は「〜に従う」や「〜を遵守する」という意味。

☐ **archive** 名詞／動詞 アーカイブ／アーカイブする

is_archived_post()

（アーカイブされた投稿かどうかを返す関数）

アーカイブとは、長期保存を目的に別の場所に移動する行為や、移動したファイルを指す。一般英語では「公文書館」のこと。achieve（達成する）とスペルが似ているので誤読に注意。

☐ **assert** 動詞 アサートする、表明する

assert_equal(val1, val2)

（val1とval2が等しいことをアサートする関数）

一般英語としてassertには「（正しいと）主張する」ニュアンスがある。

☐ **asset** 名詞 アセット、資産

You can load assets into the IDE whenever necessary.

アセットは随時IDEに読み込めます。

「whenever necessary」は「必要なときにいつでも」の意味。

☐ **assign** 動詞 割り当てる、（変数に）代入する

Use this option to automatically assign an IP address to the network interface.

ネットワーク・インターフェイスにIPアドレスを自動的に割り当てるには、このオプションを使います。

語源はas←ad（～に）＋sign（印を付ける）。

☐ **assignment** 名詞 割り当て、（変数への）代入

[Split this into declaration and assignment]

[これを宣言と代入に分割する]

例文はIDEのボタン。allocationも「割り当て」と訳されるが、allocationはリソースや利益を配分するニュアンス、assignmentはタスクや物をあてがうニュアンスがある。

☐ **associate** 動詞 関連づける

Returns an IP address that is associated with this domain name.

このドメイン名に関連づけられているIPアドレスを返す。

例文はAPIリファレンスのメソッド説明。語源はas←ad（～に）＋soci（仲間。socialやsocietyにも）＋ate（動詞にする）→仲間にする。

☐ **attach** 動詞 接続する、添付する

These volumes can be attached to a Windows instance.

これらのボリュームはWindowsのインスタンスに接続できます。

語源はat←ad（～に）＋tach（触る）。反意語はdetach（取り外す）。

☐ **authentication** （名詞） 認証

Users can use either biometric authentication or OTP (one-time password).

ユーザーは生体認証またはワンタイム・パスワードのどちらかを使えます。

認証とは、誰かが本人である、または何かが本物であると確認すること。動詞はauthenticate（認証する）。「auth」と略される。

☐ **authorize** （動詞） 権限を与える

You represent and warrant that you are authorized to act on behalf of the copyright owner.

あなたは、著作権者に代わって行動する権限を与えられていることを表明し保証する。

例文は使用許諾契約。「on behalf of ～」は「～に代わって」。

☐ **automatic** （形容詞） 自動の

enable_automatic_update()

（自動アップデートを有効にする関数）

autoと略される。反意語はmanual（手動の）。

☐ **automatically** （副詞） 自動で、自動的に

// If true, an alert popup will be automatically closed.

// trueの場合、アラートのポップアップは自動的に閉じられます。

autoと略される。反意語はmanually（手動で）。

☐ **availability** （名詞） 可用性

Changing the default configuration might affect server availability.

デフォルト構成を変更すると、サーバーの可用性に影響する可能性があります。

「何かがavailableであること」を指す。文脈によっては「入手可能性」といった言葉が適切なことがある。例文は「Changing the default configuration」が主語の構文。

B

☐ **batch** （名詞） バッチ

batch_edit_enabled

（バッチ編集が有効状態かどうかが入る変数）

バッチとは、ひとまとまり、またはひとまとまりにして一括処理すること。

☐ **binary** 形容詞 バイナリーの、二進法の

Strings must be encoded with UTF-8, and no binary data is allowed.

文字列はUTF-8でエンコードされていなければならず、バイナリー・データは許可されていません。

関連語にdecimal（十進法の、小数の）やhexadecimal（16進法の）がある。

☐ **bind** 動詞 バインドする

Parameter: address - The IP address to bind to.

パラメーター： address - バインド先のIPアドレス。

一般英語では「縛る」や「結びつける」という意味。過去形と過去分詞形はboundで、「（ボールなどが）バウンドする」と同じスペルになるので読み間違いに注意。

☐ **boot** 動詞／名詞 起動する／起動

Failed to boot the local server.

ローカルのサーバーを起動するのに失敗しました。

例文はIDEのエラー・メッセージ。関連語にreboot、restart（再起動する）。また類義語にstart、launch（起動する）があり、bootはコンピューターの起動を指す際に用いられる。一般英語では「ブーツ」の意味。

☐ **brace** 名詞 波かっこ

[Automatically close braces]

[自動で波かっこを閉じる]

例文はIDEのボタン。「curly brace」とも呼ばれる。始めと終わりの波かっこ両方とも指す場合はbracesと複数形になる点に注意。関連語にbracket（角かっこ）やparenthesis（丸かっこ）。

☐ **bracket** 名詞 角かっこ

Select this option to insert closing brackets automatically.

閉じ角かっこを自動的に挿入するには、このオプションを選択します。

例文のように閉じかっこはclosing bracket、開きかっこはopening bracketを使う。関連語にbrace（波かっこ）とparenthesis（丸かっこ）。

☐ **breakpoint** 名詞 ブレークポイント

Press the **Disable All** button to disable all breakpoints at once.

すべてのブレークポイントをいっぺんに無効にするには「すべて無効」ボタンを押します。

ブレークポイントとは、デバッグ時にプログラムを一時停止させる場所のこと。

☐ **browse** 動詞 閲覧する、参照する

The file chooser lets you browse for a local file.

ファイル・チューザーを使うと、ローカルのファイルを参照できます。

一般英語としては「（ブラブラと店の商品を）眺める」や「（本などを）流し読みする」という意味がある。

☐ **buffer** 名詞／動詞 バッファー／バッファー処理する

DEFAULT_BUFFER_SIZE

（デフォルトのバッファー・サイズが入る定数）

バッファーとは、一時的にデータを溜めておく場所。一般英語では「緩衝物」を指す。

☐ **bump** 動詞 バージョンを上げる

Bump version to 0.8.9

バージョンを0.8.9に上げた

bumpは例文のようなコミット・メッセージで用いられる。一般英語では「ぶつかる」（車のバンパー［bumper］もここから）や「（誰かを）別の場所に移動させる」という意味がある。

☐ **bundle** 名詞／動詞 バンドル／バンドルする

This key will be used to sign an app bundle.

アプリ・バンドルに署名するのにこのキーが使われます。

例文中の「バンドル」はファイルの集まりを指す。また製品のセット販売もbundleと呼ばれる。

C

☐ **calculate** 動詞 計算する

calculateAveragePrice()

（平均価格を計算して返すメソッド）

類義語にcompute（計算する）があるが、calculateには「推定する」という意味もある。

☐ **callback** 名詞 コールバック

The callback function fires when the page is reloaded.

ページが再読み込みされたらコールバック関数が発火。

例文にあるコールバック関数とは、別の関数に引数として渡される関数のこと。また例文のfireは「発火する」という動詞（アドバンスト300）で、何かが起動あるいは始動する際に使われる。

☐ **capability** 名詞 機能

Our IDE enables developers to create a game with multiplayer capabilities.

当社のIDEで、開発者はマルチプレイヤー機能のあるゲームを制作できます。

例文の「<無生物> enable <人> to <動詞>」はよく使われる無生物主語の構文（ほかにallow）。なおcapabilityの語源はcap（つかむ）＋abil（できる）＋ity（名詞にする）。

☐ **capture** 動詞 取り込む、キャプチャーする

Returns the latitude and longitude where the image was captured.

画像がキャプチャーされた緯度と経度を返す。

語源はcapt（つかむ）＋ure（行為を表す名詞にする）。例文はAPIリファレンスのメソッド説明で、latitudeは緯度（南北を示す）、longitudeは経度（東西を示す）。

☐ **caret** 名詞 文字入力カーソル、カレット

[Delete line at caret position]

[文字入力カーソル位置の行を削除]

カレット（キャレットとも）は「^」記号のこと。

☐ **cast** 動詞 キャストする

The given value cannot be casted into a string.

与えられた値は文字列にキャストできません。

キャストとは、データ型の変換のこと。一般英語としては「鋳型に入れる」や「投げる」という意味。

☐ **certificate** 名詞 証明書

isCertificateValid()

（証明書が有効かどうか返す関数）

動詞はcertify（証明する）。語源はcert（確かな。certainにも）＋ific（動詞にする）＋ate（名詞にする）→確かにするもの。「cert」と略される。

☐ **checkout** 名詞 チェックアウト

Step 3. Select the checkout destination folder.

手順3. チェックアウト先フォルダーを選択します。

動詞はcheck outと2語が基本だが、checkoutと1語で書かれることも多い。

☐ **clarify** 動詞 明確にする

Clarified comment about is_file_saved

is_file_savedのコメントを明確にした

例文はコミット・メッセージ。語源はclar（明るい。clearにも）＋ify（動詞にする）。

☐ **cleanup** 名詞 クリーンアップ、整理

Set this value to true to always invoke cleanup.

常にクリーンアップを呼び出すには、この値をtrueに設定します。

クリーンアップとは、きれいにしたり整理したりすること。動詞の場合はclean upと2語が基本だが、実際には1語の例も多い。なお野球の「クリーンアップ」も、ベース上のランナーを返してきれいにすることから。

☐ **clone** 動詞 複製する、クローンする

You have to clone the remote repository into your environment beforehand.

リモートのリポジトリーを自分の環境にあらかじめ複製しておく必要があります。

名詞として使われる場合、複製されたもの（コンピューター、ソフトウェアなど）を指す。

☐ **collapse** 動詞 折りたたむ、非表示にする

[Collapse all comments]

[すべてのコメントを折りたたむ]

例文のように、複数あるコメントなどを「折りたたむ」（あるいは非表示にする）ときに使う表現。その場合の対義語はexpand（展開する）。

☐ **compatibility** 名詞 互換性

// This is for backward compatibility.

// これは後方互換用。

例文はソースコードのコメント。後方互換性（下位互換性）とは、新しいバージョンになっても古い（後方）バージョンの機能などが使える状態のこと。形容詞はcompatible（互換性のある）。

☐ **compile** 動詞 コンパイルする

Your project has been compiled without errors.

プロジェクトはエラーなしでコンパイルされました。

コンパイルとは、ソースコードを機械語に変換すること。それを実行するプログラムがコンパイラー（compiler）。

☐ **completion** 名詞 補完、完了

[Hide code completion popup]

[コード補完のポップアップを非表示]

補完は、補って完全にするというニュアンス。

☐ **compress** 動詞 圧縮する

These files will be compressed in .zip format.

これらのファイルは.zip形式で圧縮されます。

語源はcom（共に）＋press（押す）。反意語はdecompress（展開する、解凍する）。

☐ **compute** 動詞 計算する

compute_total_amount()

（総額を計算する関数）

類義語にcalculate（計算する）がある。意味は同じだが、computeの方が専門的なイメージがある。

☐ **conditional** 形容詞 条件つきの

You need to insert a conditional expression here.

ここに条件式を挿入する必要があります。

名詞はcondition（条件）。

☐ **configure** 動詞 構成する、設定する

No application servers are configured for this project.

このプロジェクト用に構成されたアプリケーション・サーバーがありません。

語源はcon←com（共に）＋figure（形づくる）。名詞はconfiguration（構成）。

☐ **confirm** 動詞 確定する、確認する

Confirm Delete:

削除を確認：

IDEに表示される削除確認メッセージ。日本語で「確認する」に該当する英単語はいくつかある（例：check、validate、verify）が、confirmは最終確認をして決める（確定する）ニュアンスが強い。

☐ **conflict** 動詞／名詞 競合する／競合

This key needs to be renamed in order to avoid conflicts.

競合を避けるために、このキーは名前の変更が必要です。

語源はcon←com（共に）＋flict（打つ）→衝突する。

☐ **constraint** 名詞 制約

If the value is 0, no constraints are applied.

値が0の場合、制約は適用されません。

何かを自由にできなくするもののこと。語源はcon←com（共に）＋straint（引っ張る）。

☐ **construct** 動詞 （コンストラクターで）生成する

Date(time): Constructs a Date object with the specified milliseconds time value.

Date(time)：指定したミリ秒の値でDateオブジェクトを生成。

例文はAPIリファレンスのコンストラクター説明。一般英語では「組み立てる」や「建設する」という意味。語源はcon←com（共に）＋struct（建てる）。

☐ **contact** 動詞／名詞 連絡する／連絡先

Are you sure you want to delete these contacts?

これらの連絡先を削除してよろしいですか？

動詞は「Please contact your network administrator.」（ネットワーク管理者に連絡してください）のように他動詞（直後に目的語が来る）。「連絡先」という意味での名詞は可算なのでcontactsという形が可。また語源はcon←com（共に）＋tact（触る）。

☐ **contribute** 動詞 貢献する

If you want to contribute to the project, visit www.example.com.

プロジェクトに貢献したい場合、www.example.comをご覧ください。

名詞はcontribution（貢献）やcontributor（貢献者）で、オープンソース開発の文書でよく目にする。語源はcon←com（共に）＋trib（与える）＋ute（動詞にする）。

☐ **convert** 動詞 変換する

convert_json_to_csv()

（JSON形式をCSV形式に変換する関数）

名詞はconversion（変換）。語源はcon←com（共に）＋vert（回る、曲がる）。類義語にtransform（変換する、変形する）がある。

☐ **coordinate** 名詞 座標

Parameter: coordinates - An array containing x, y, and z coordinates of the object.

パラメーター： coordinates - オブジェクトのx、y、z座標が含まれる配列。

一般英語としては「（関係者など全体を）調整する」という意味がある（それをする人が「コーディネーター」）。

☐ **copyright** 名詞 著作権

IN NO EVENT SHALL THE COPYRIGHT OWNER BE LIABLE FOR ANY DAMAGES.

いかなる場合も、著作権者は損害についていかなる責任も負わないものとする。

例文は使用許諾契約。法律文書では重要な内容はすべて大文字で書かれたり、shallは義務や規則（～するものとする）など強い意味を示すのに使われたりする。また「in no event」が文頭に来て主語と助動詞が「倒置」されている点にも注意。

☐ **crash** 動詞／名詞 クラッシュする、突然停止する／クラッシュ

// There is a bug that causes the app to crash here

// アプリがクラッシュする原因となるバグがここにある

例文はソースコードのコメント。一般英語では「（自動車が衝突するなどの）事故」や「（壊れるときの）大きな音」を指す。なおスペルが似ているclashは「（人やグループどうしの）争い」のこと。例文のcauseは「もたらす」や「原因となる」という動詞。

☐ **credential** 名詞 資格情報、認証情報

Next, you need to store your credentials in your environment.

次に、お使いの環境に認証情報を保存する必要があります。

通常はcredentialsと複数形で使う。

D

☐ **debugger** 名詞 デバッガー

☑Use a new tab when the debugger opens source files

☑デバッガーでソース・ファイルを開く際に新しいタブを使用

例文はIDEのオプション項目。書く際はgが2つ（debugger）である点に注意。

☐ **decimal** 形容詞 小数の、十進法の

DECIMAL_SEPARATOR

（小数点の記号が入る定数）

日本など小数点にピリオド（例：0.5）を使う国とドイツなどカンマ（例：0,5）を使う国があり、その両方を指すのに例文のdecimal separatorという言葉が用いられる。また桁区切り（例：「1,000」のカンマ）はthousand separatorと呼ばれる。

☐ **declaration** 名詞 宣言

[Split this variable declaration]

[この変数宣言を分割]

例文はIDEのボタン。名詞はdeclare（宣言する）。

☐ **declare** 動詞 宣言する

The variable "my_item" is already declared.

変数「my_item」はすでに宣言されています。

例文はIDEのエラー・メッセージ。語源はde（強意）＋clare（明るい）→明確に言う。

☐ **decode** 動詞 デコードする

decodeBase64Url(String)

（Base64で書かれたURLをデコードする関数。引数は文字列）

符号化（encode）したものを元に戻すこと。de（反意）＋code（符号）。

☐ **dedicated** 形容詞 専用の

Minimum requirements: - At least 3GB of dedicated GPU memory.

最小要件：- 3GB以上の専用GPUメモリー。

反意語はshared（共有の）。

☐ **delay** 名詞 遅延

set_delay_ms()

（ミリ秒単位で遅延時間を設定する関数）

例文のmsはmillisecondsのこと。語源はde（離れて）＋lay（運ぶ。translateのlatと同じ）→延期する。

☐ **dependency** 名詞 依存関係

There is a circular dependency that needs to be resolved.

解決する必要がある循環依存関係が存在します。

形容詞はdependent（従属の、依存の）。「deps」（複数形のdependenciesで）と略されることも。

☐ **deploy** 動詞 配備する、デプロイする

[Deploy on save]

[保存時にデプロイ]

例文はIDEのボタン。一般英語としては「（軍隊を）展開する、配置する」という意味。語源はde←dis（否定）＋ploy（折り曲げる）→展開する。

☐ **deployment** 名詞 配備、デプロイ

Cannot find deployment settings for the specified server.

指定されたサーバーのデプロイ設定が見つかりません。

deploy（配備する）＋ment（名詞にする）。

☐ **deprecated** 形容詞 非推奨の

This method has been deprecated. Use getItems() instead.

このメソッドは非推奨になりました。代わりにgetItems()を使ってください。

メソッドなどが古くなり、別の新しいものを勧める際に用いられる言葉。一般英語では「反対を唱える」や「非難する」という意味だが、日常的には用いられない。

☐ **deprecation** 名詞 非推奨

Add deprecation warnings for old APIs

古いAPIに関する非推奨の警告を追加

例文はコミット・メッセージ。形容詞はdeprecated（非推奨の）。

☐ **descriptor** 名詞 記述子

[Edit selected deployment descriptor...]

[選択したデプロイメント記述子を編集…]

例文の「デプロイメント記述子」はサーバーにデプロイする際の設定情報のこと。

☐ **destination** 名詞 目的地、～先（移動先など）

setDestinationDir()

（移動先ディレクトリーを設定する関数）

例文のdirはdirectoryの略。「～先」の意味での反意語はsource（～元）。また「dest」と略される。

☐ **detect** 動詞 検出する

Called when a parse error is detected.

パースのエラーが検出されたら呼び出される。

例文はAPIリファレンスのメソッド説明。語源はde（離れて）＋tect（覆う）→覆いが外される。

☐ **digit** 名詞 数字、桁

Parameter: day - Day of the month. Two digits.

パラメーター： day - その月の日。2桁。

例文はAPIリファレンスの関数説明。digitは0〜9の数字の1つを指す。一方、類義語のnumberは「123」や「456789」といった数字を表す。たとえば「a five-digit number」は「5桁の数字」（例：12,345）という意味になる。

☐ **disable** 動詞 無効にする

disable_auto_login()

（自動ログインを無効にする関数）

語源はdis（否定）＋able（できる）。反意語はenable（有効にする）。

☐ **display** 動詞／名詞 表示する／表示、画面

display_installed_packages()

（インストール済みパッケージを表示する関数）

「表示する」という意味の英単語はほかにshowやviewがある。語源はdis（離れて）＋play（折り曲げる）→広げる。

☐ **distribute** 動詞 分散する、配布する

// This software is distributed under the MIT license.

// 本ソフトウェアはMITライセンスで配布されています。

語源はdis（離れて）＋trib（与える）＋ute（動詞にする）→個別に与える。

☐ **dump** 動詞 ダンプする

Dumps a list of currently loaded plugins to the log file.

現在ロードされているプラグインのリストをログ・ファイルにダンプする。

例文はAPIリファレンスのメソッド説明。ダンプとは、デバッグ時などにデータを別の場所にコピーすること。一般英語としては「投げ捨てる」や「ドサッと下ろす」という意味（ダンピングやダンプカーはここから）。

☐ **duplicate** 形容詞／動詞 重複する／複製する

// Check for duplicate IDs

// 重複するIDがないか確認

語源はdu（2）＋plic（折り曲げる）＋ate（動詞にする）。multiple（複数の）のple（折り曲げる）も同語源。

☐ **duration** 名詞 期間

set_animation_duration()

（アニメーションの表示期間を設定する関数）

何かが持続または継続する時間というニュアンス。前置詞during（〜の間ずっと）と同語源。

☐ **dynamic** 形容詞 動的な

is_dynamic_layout_active()

（動的レイアウトがアクティブ状態かどうかを返す関数）

反意語はstatic（静的な）。副詞はdynamically（動的に）。

☐ **dynamically** 副詞 動的に

Parameter: dynamic - If set to true, the plugin will be dynamically loaded.

パラメーター： dynamic - trueに設定した場合、プラグインは動的に読み込まれます。

反意語はstatically（静的に）。形容詞はdynamic（動的な）。

E

☐ **emit** 動詞 発する、生成する

If the language preference is not specified, an error will be emitted.

言語設定が指定されていない場合、エラーが発生します。

語源はe←ex（外に）＋mit（送る）。

☐ **enable** 動詞 可能にする、有効にする

auto_reload_enabled

（自動リロードが有効かどうかが入る変数）

語源はen（〜にする）＋able（できる）→できるようにする。反意語はdisable（無効にする）。

☐ **encode** 動詞 エンコードする、符号化する

Returns a string encoded with UTF-8.

UTF-8でエンコードされた文字列を返す。

例文はAPIの関数説明。語源はen（〜にする）＋code（符号）。反意語はdecode（デコードする）。

☐ **encoding** 名詞 エンコーディング、符号化

get_file_encoding()

（ファイルのエンコーディングを取得する関数）

エンコーディングの対象は文字だけでなく、動画や音声も含まれる。

☐ **encounter** 動詞 遭遇する

Some errors were encountered while creating the database.

データベースの作成中にいくつかエラーに遭遇しました。

エラーなど望ましくないものに遭遇した際に使われる。

☐ **encryption** 名詞 暗号化

encryption_key_id

（暗号化キーのIDが入る変数）

動詞はencrypt（暗号化する）で、反意語はdecryption（復号）。

☐ **endpoint** 名詞 エンドポイント、端点

The get_url function returns a URL to the specified endpoint.

get_url関数は、指定されたエンドポイントへのURLを返します。

スマホ、パソコン、サーバーなどネットワーク上の端末機器を指す。

☐ **ensure** 動詞 確実にする、確かめる

The specified file was not found. Please ensure that the file exists in the directory.

指定のファイルが見つかりませんでした。ファイルがディレクトリー内に存在することを確かめてください。

語源はen（〜にする）＋sure（確かな）。

☐ **entity** 名詞 エンティティー、実体

This function converts characters into HTML entities.

この関数は文字をHTMLのエンティティーに変換します。

「&」という文字を「&」や「&」と表現するのがHTMLのエンティティーの例。

☐ **enumeration** 名詞 列挙

True if this enumeration object contains one or more elements.

この列挙オブジェクトに1つ以上の要素が含まれていればtrue。

例文はAPIリファレンスのメソッド説明。「enum」と略される。動詞はenumerate（列挙する）。語源はe←ex（外に）＋numer（数）＋ate（動詞にする）→数え上げる。

☐ **escape** 動詞 エスケープする

To escape a character, use a backslash (\) before the character.

文字をエスケープするには、その文字の前にバックスラッシュ（\）を使います。

エスケープするとは、特殊な意味を持つ文字を、通常の意味に解釈させたり（例：正規表現で「.」をピリオドとして解釈させるには「\.」と書く）、別の文字に置き換えたり（例：HTMLでタグに使う「<」を「<」に）すること。一般英語では「（危険な状況などから）逃れる、脱出する」という意味。またキーボードの「esc」キーはescapeの略。

☐ **exclude** 動詞 除外する

Users can specify items that should be excluded from the list.

ユーザーはリストから除外すべき項目を指定できます。

語源はex（外に）＋clude（閉じる）→締め出す。反意語はinclude（含む）。

☐ **executable** 形容詞／名詞 実行可能な／実行可能ファイル

Your code will be automatically built into an executable.

コードは自動的に実行可能ファイルにビルドされます。

「-able」という形で、形容詞と名詞の両方の意味を持つ単語はいくつかある。たとえばdeliverable（納品可能な／納品物）やwearable（着用可能な／着用デバイス）。

☐ **execute** 動詞 実行する

execute_sql()

（SQLを実行する関数）

一般英語では「処刑する」という意味も。名詞はexecution（実行）。「exec」と略される。

☐ **execution** 名詞 実行

Execution context is an environment where your code is executed.

実行コンテキストとは、コードが実行される環境です。

一般英語では「処刑」の意味も。動詞はexecute（実行する）。「exec」と略される。

☐ **existing** 形容詞 既存の

Would you like to overwrite the existing file (abcd.txt) ?

既存のファイル（abcd.txt）を上書きしますか？

名詞の前でしか使わない点に注意（形容詞の限定用法）。

☐ **extend** 動詞 拡張する

Our new SDK lets you extend your app to control home devices.

弊社の新しいSDKを使うと、アプリで家庭用デバイスを操作するよう拡張できます。

一部のプログラミング言語では「extends」が予約語となっている。名詞はextension（拡張）。語源はex（外に）＋tend（伸ばす）。

☐ **extension** 名詞 拡張、拡張子

Finally, a file with an extension of .json will be created.

最後に、拡張子が.jsonのファイルが作成されます。

動詞はextend（拡張する）。一般英語では「（電話の）内線」の意味も。

☐ **external** 形容詞 外部の

If possible, install your app on external storage.

可能であれば、アプリを外部ストレージにインストールします。

反意語はinternal（内部の）。

☐ **extract** 動詞 抽出する

extract_domain_from_url()

（URLからドメイン名を抽出する関数）

語源はex（外に）＋tract（引く）。

F

☐ **failure** 名詞 失敗、故障

This function returns true on success and false on failure.

この関数は成功時にtrueを、失敗時にfalseを返します。

反意語は例文にあるようにsuccess（成功）。

☐ **fallback** 名詞／動詞 フォールバック／フォールバックする

If translation is not available, the website will fallback to the default language.

翻訳が利用不可能な場合、ウェブサイトはデフォルト言語にフォールバックします。

フォールバックとは、主となる手段が使えない場合に代替手段に切り替えること。

☐ **fetch** 動詞 取得する、フェッチする

fetchRssFeed()

（RSSフィードを取得する関数）

類義語にget、obtain、retrieveがあるが、fetchはどこかに行って持って来るニュアンス。

☐ **fire** 動詞 始動する、発火する

This event will be fired when a user is added to a list.

ユーザーがリストに追加されると、このイベントが始動されます。

類義語にtrigger（トリガーする）がある。一般英語としては名詞で「火」、動詞で「火をつける」、「発砲する」、「解雇する」の意味がある。

☐ **framework** 名詞 フレームワーク

Select the framework that you want to use in your web app.

ウェブ・アプリで使いたいフレームワークを選択します。

フレームワークとは、アプリ開発で「骨組み」となるソフトウェアのことで、開発を効率化できる。

☐ **functionality** 名詞 機能

The VR functionality is only available in version 5.0 and later.

VR機能はバージョン5.0以降でのみ利用可能です。

不可算名詞なので「a functionality」や「functionalities」としないが、実際は可算名詞扱いの例も見られる。

G

☐ **generation** 名詞 生成、世代

Some iPads (the 3rd and 4th generations) are not supported.

一部のiPad（第3および第4世代）はサポートされていません。

動詞はgenerate（生成する）。語源はgen（種族、生む）＋erat（動詞にする）＋ion（名詞にする）。「gen」と略される。

☐ **generic** 形容詞 汎用の、総称の、ジェネリックの

Selecting this option converts code to use generic types.

このオプションを選択すると、ジェネリック型を使うようコードを変換します。

「一般的な」や「特定のではない」という意味（なおジェネリック医薬品は「特定のブランドではない医薬品」）。反意語はspecific（特定の）。

H

☐ **hack** 名詞／動詞 ハッキング、一時回避策／ハックする、（その場しのぎで）作る

// This is a quick and dirty hack and should be solved more elegantly

// これは急いで作った汚い一時回避策なので、もっときれいに解決する必要がある

例文はソースコードのコメント。ハッキングとは、技術力を駆使してソフトウェアなどを解析したり改造したりする行為のこと。もともとhackには「（斧などで粗く）切る」という意味がある。

☐ **handle** 動詞／名詞 処理する／ハンドル

handleHttpError()

（HTTPエラーを処理する関数）

名詞のハンドルは、リソース（ファイルなど）への抽象的な参照のこと。

☐ **handler** 名詞 ハンドラー

To add an event handler to a button:

ボタンにイベント・ハンドラーを追加するには：

例文はマニュアルの見出し。ハンドラーとは、イベントや例外などが生じた際に呼び出される処理のこと。

☐ **handling** 名詞 処理

Added error handling for file read

ファイル読み込みのエラー処理を追加した

例文はコミット・メッセージ。「処理」と訳される類義語には、ほかにoperationやprocessがある。例文の「エラー処理」のように、人間が対処するニュアンスではhandlingが用いられる。

□ **hash** 名詞 ハッシュ、ハッシュ記号

Generates a hash value of the specified file.

指定されたファイルのハッシュ値を生成。

例文はAPIリファレンス。ハッシュ記号は「#」のこと（SNSの「ハッシュタグ」はこの記号を使うことから）。

□ **header** 名詞 ヘッダー

parse_http_header()

（HTTPヘッダーをパースする関数）

ヘッダーはドキュメントなどの頭（head）に入る情報のこと。反意語はfooter（フッター）。

□ **hierarchy** 名詞 階層

☑Show class hierarchy

☑クラス階層を表示

例文はUIのメニュー項目。日本語では「ヒエラルキー」とカタカナ表記されることもあるが、英語発音は「ハイアラーキー」に近い。

I

□ **identifier** 名詞 識別子

Parameter: id - The unique identifier of the device to use.

パラメーター：id - 使用するデバイスの一意の識別子。

identify（識別する）するものという意味。「id」と略される。

□ **implement** 動詞 実装する

// This method needs to be implemented by a subclass

// このメソッドはサブクラスで実装される必要がある

例文はソースコードのコメント。一部のプログラミング言語ではimplementsが予約語となっている。

☐ **implementation** 名詞 実装

// TODO: Add your implementation code here.

// TODO： ここに実装コードを追加。

実装とは、計画した機能を実際にプログラムすること、またはプログラム部分を指す。一般英語ではアイデアや法律などの「実施」や「履行」も指す。「impl」と略される。

☐ **incompatible** 形容詞 互換性がない

We will announce if we make backward incompatible changes to this API.

弊社がこのAPIに後方互換性のない変更をする場合、告知します。

後方互換性とは古いシステムなどでも使えること。反意語はcompatible（互換性のある）。

☐ **increment** 名詞／動詞 増分、インクリメント／増分させる

If no exception is thrown, the counter is incremented by 1.

例外がスローされなければ、カウンターは1ずつ増分されます。

「増加」を意味し、increase（増える）は関連語。反意語はdecrement（デクリメント／減分させる）。

☐ **indentation** 名詞 インデント

[Switch indentation from tab to space]

[インデントをタブからスペースに変換]

例文はIDEのUI。行頭の左側に入れられるスペースのこと。indent（動詞／名詞）でも同じ意味。

☐ **initial** 形容詞 初期の、最初の

initial_password

（初期パスワードが入る変数）

語源はin（中に）＋it（行く）＋ial（形容詞にする）→入っていく→始める。語源「it」が含まれる単語はいくつもあり、たとえばexitはex（外に）＋it（行く）、visitはvis（見る）＋it（行く）→訪問する。

☐ **initialization** 名詞 初期化

[Split declaration and initialization of the variable]

[この変数の宣言と初期化を分割]

例文はIDEのUI。動詞はinitialize（初期化する）。「init」と略される。

☐ **initialize** 動詞 初期化する

initializeClipboard()

（クリップボードを初期化する関数）

名詞はinitialization（初期化）。

☐ **inline** 形容詞／動詞 インラインの／インライン化する

// Inlined this function for better performance

// パフォーマンス向上のためこの関数をインライン化した

インラインとは、何かが内部に置かれて（埋め込まれて）いる状態。関数の場合、関数呼び出しを関数本体に置き換えること。

☐ **inner** 形容詞 内部の、内側の

[Move this inner class to upper level]

[この内部クラスを上のレベルに移動]

innerとnが2つある点に注意。反意語はouter（外側の）。

☐ **insert** 動詞 挿入する

[Insert a row]

[1行挿入]

例文はIDEのUI。語源はin（中に）＋sert（置く）。

☐ **inspect** 動詞 検査する

inspect_upload_file()

（アップロード・ファイルを検査する関数）

名詞はinspection（検査）。語源はin（中を）＋spect（見る）。

☐ **inspection** 名詞 検査

[Disable code inspection]

[コード検査を無効化]

例文はIDEのUI。動詞はinspect（検査する）。

☐ **installation** 名詞 インストール

Installation finished successfully.

インストールは正常に終わりました。

動詞はinstall（インストールする）。サーバー機器などハードウェアの場合は「据え付け」や「設置」という言葉が用いられる。

☐ **interact** 動詞 対話する

The buttons on the right side allow a user to interact with VR apps.

右側のボタンを使うと、ユーザーはVRアプリと対話できます。

自動詞なので例文のように「interact with <人／物>」という形になる。

☐ **internal** 形容詞 内部の

Unknown internal error occurred.

不明な内部エラーが発生しました。

例文はIDEのエラー・メッセージ。反意語はexternal（外部の）。

☐ **interval** 名詞 間隔

DEFAULT_POLLING_INTERVAL

（デフォルトのポーリング間隔が入る定数）

時間的な間隔のこと。

☐ **invalid** 形容詞 無効な

Invalid regular expression: [(])

無効な正規表現：[(])

反意語はvalid（有効な）。

☐ **invoke** 動詞 呼び出す

onConnectionFailed(): Invoked when the connection to the database failed.

onConnectionFailed()：データベースへの接続が失敗した場合に呼び出される。

語源はin←on（上に）＋voke（呼ぶ。声を表すvoiceにも）。

☐ **iterate** 動詞 （処理を）反復する、繰り返す

Iterates over all lines in the file and generates a string object for each line.

ファイルの全行に繰り返し処理を行い、各行について文字列オブジェクトを生成する。

例文はAPIリファレンスのメソッド説明。名詞はiteration（イテレーション、繰り返し）。

L

☐ **latency** 名詞 待ち時間

max_latency_ms

（ミリ秒単位の最大待ち時間が入る変数）

一般英語では「（病気の）潜伏期」を指す。また例文の「ms」はmillisecondsのこと。

□ **launch** 　動詞　起動する、開始する

Step 1: Launch the application from the Start menu.

ステップ1：スタート・メニューからアプリケーションを起動します。

類義語にboot、startがある。launchはソフトウェアの起動のほか、製品の「発売」や事業の「開始」という意味でも用いられる。

□ **listener** 　名詞　リスナー

delete_all_listeners()

（すべてのリスナーを削除する関数）

リスナーとは、クリックなどのイベントを待機し、イベントが発生したら実行される関数やメソッドのこと。

□ **load** 　動詞　読み込む

loadCurrentConfiguration()

（現在の構成を読み込むメソッド）

一般英語としては「（荷物などを）積み込む」や「（銃に）装填する」という意味がある。関連語にdownload（ダウンロードする）、upload（アップロードする）、reload（再読み込みする）がある。

□ **locale** 　名詞　ロケール

Returns the currency code for the given locale.

与えられたロケールの通貨コードを返す。

例文はAPIリファレンスのメソッド説明。ロケールとは、言語と地域（国）が合わさった概念。日本は「ja-JP」、アメリカは「en-US」といったコードで表されることが多い。
local（ローカルの、局所の）とは別の単語なので注意。

□ **logic** 　名詞　ロジック、論理

// TODO: Need to fix the logic error in removeUser

// TODO：removeUser内のロジック・エラーを修正要

例文はソースコードのコメント。ロジックとはプログラムの処理手順のこと。

□ **lookup** 　名詞　検索、探索、ルックアップ

Returns an IP address retrieved from a DNS lookup.

DNSルックアップで取得されたIPアドレスを返す。

例文はAPIリファレンスの関数説明。「検索」と訳される英単語はfindやsearchなどがあるが、lookupは辞書などを参照して探すニュアンス。通常、動詞はlook upと2語になるが、1語のまま動詞で使われる例も多い。

M

☐ **manual** 形容詞／名詞 手動の／マニュアル

If the mode is set to AUTO, no manual control is possible.

モードがAUTOに設定されている場合、手動での制御はできません。

反意語はautomatic（自動の）。語源はmanu（手）＋al（形容詞にする）。

☐ **manually** 副詞 手動で

In addition, you can manually delete users.

加えて、ユーザーを手動で削除できます。

反意語はautomatically（自動的に）。

☐ **map** 名詞／動詞 地図／対応づける、マッピングする

Your host name must be mapped to an IP address.

お使いのホスト名はIPアドレスに対応づけられていなければなりません。

mapと呼ばれるキー・バリュー型のデータ構造もある。また数学用語としては「写像」となる。

☐ **master** 名詞 マスター

To merge your code into the master branch, do the following steps:

自分のコードをマスター・ブランチにマージするには、次の手順を実行します：

一般英語としては「主人」や「習得する、マスターする」という意味。複数の機器が連携する際、制御をする側がmaster（マスター）、される側がslave（スレーブ。「奴隷」の意）と呼ばれる。

☐ **matching** 形容詞 一致する、マッチする

// Search for any matching records

// 一致するレコードを検索

例文はソースコードのコメント。動詞matchの現在分詞でもある。

☐ **maximum** 形容詞 最大の

Sets the maximum number of rows this list shows.

このリストが表示する最大行数を設定。

例文はAPIリファレンスのメソッド説明。「max」と略される。反意語はminimum（最小の）。

☐ **metadata** 名詞 メタデータ

Cannot extract the database metadata.

データベースのメタデータを抽出できません。

例文はIDEのエラー・メッセージ。メタデータとは、あるデータに関するデータのこと。単に「meta」でmetadataを指すこともある。

☐ **migration** 名詞 移行

Your database will be read-only during migration.

移行中は、お使いのデータベースは読み取りのみになります。

例文のread-onlyは「読み取りのみ」という意味の形容詞。

☐ **millisecond** 名詞 ミリ秒

Gets the length of animation in milliseconds.

アニメーションの長さをミリ秒単位で取得する。

例文はAPIリファレンスの関数説明。ミリ秒とは1000分の1秒で、「ms」と略されることもある。関連語にmicrosecond（マイクロ秒。100万分の1秒）やnanosecond（ナノ秒。10億分の1秒）がある。英語で「～単位で」は前置詞inを用いる。

☐ **minimum** 形容詞 最小の

minimum_column_width

（列の最小幅が入る変数）

「min」と略される。反意語はmaximum（最大の）。

☐ **minor** 形容詞 マイナーな、小さな

Version 5.3.8: A minor release with bug fixes and performance improvements.

バージョン5.3.8：バグ修正とパフォーマンス改善をするマイナー・リリース。

例文はソフトウェアのリリースノート。反意語はmajor。

☐ **mock**　形容詞　モックの、模造の

☑Use mock location information during debugging

☑デバッグ中にモックの位置情報を使用

例文はIDEのUI。mockは本物ではないが本物に見せようとしているニュアンス。名詞の前でしか使わない形容詞（限定用法）である点に注意。動詞の場合は「あざ笑う」という意味がある。

☐ **modification**　名詞　修正、変更

Step 6: Click **OK** to confirm modifications to the file.

手順6：ファイルへの変更を確定するには「OK」をクリックします。

動詞はmodify（修正する、変更する）。

☐ **modifier**　名詞　修飾子

[Change access modifier to public]

[アクセス修飾子をpublicに変更]

例文はIDEのUI。一般英語では「（英文法の）修飾語」を指す。

☐ **modify**　動詞　修正する、変更する

modify_admin_name()

（管理者名を変更する関数）

類義語にchange（変更する）やadjust（調整する）がある。例文のadminはadministratorの略。

☐ **monitor**　動詞　監視する

The console allows you to monitor the health of your cloud resources.

コンソールを使うと、クラウド・リソースの状態を監視できます。

例文のhealthはサーバーなどが正常な状態にある（「健康」から）という意味で、「ヘルス」と表現されることもある。

☐ **multiple**　形容詞　複数の

Multiple IP addresses can be assigned to a single instance.

単一のインスタンスに複数のIPアドレスを割り当てられます。

語源はmulti（多くの）＋ple（折り曲げる）。duplicate（複製する）のplic（折り曲げる）も同語源。反意語はsingle（単一の）。

N

□ namespace　名詞　名前空間

Please specify a valid namespace.

有効な名前空間を指定してください。

名前空間とは、名前（タグ名など）が同じことで発生する問題を避けるために使う識別記号のこと。

□ native　形容詞　ネイティブの

Converts a native file to a generic file format.

ネイティブのファイルを汎用のファイル形式に変換。

例文はAPIリファレンスの関数説明。ネイティブとは、特定のシステムやソフトウェアで直接的に扱えるという意味。一般英語では「（ある土地に）固有の」や「生まれつきの」。

□ navigate　動詞　移動する

[Navigate to next occurrence]

[次の出現場所に移動]

例文はIDEのUI。語源はnav（船。海軍を表すnavyにも）＋ig（動かす）＋ate（動詞にする）→航行する。名詞はnavigation（ナビゲーション、移動）。

□ navigation　名詞　ナビゲーション、移動

Step 1: Select the target project from the left navigation bar.

手順1：左のナビゲーション・バーから対象プロジェクトを選択します。

ナビゲーションは移動の意味。もともとは「航海」や「航行」を指す。動詞はnavigate（移動する）。

□ nested　形容詞　入れ子の、ネストされた

You can also use nested arrays to store pairs.

ペアを保存するのに、入れ子の配列を使うこともできます。

一般英語の場合、nest（名詞）には「（動物などの）巣」の意味がある。

□ normalize　動詞　標準化する、正規化する

normalize_output_format()

（出力形式を標準化する関数）

normal（標準の）＋ize（動詞にする）。

☐ **notification** 名詞 通知

To unsubscribe from email notifications, click the link below.

電子メール通知を登録解除するには、以下のリンクをクリックします。

動詞はnotify（通知する）。

☐ **notify** 動詞 通知する

notify_login_error()

（ログイン・エラーを通知する関数）

語源はnot（印を付ける）＋ify（動詞にする）。名詞はnotification（通知）。

☐ **numeric** 形容詞 数値の

Parameters: n - Numeric value between 0 and 1.

パラメーター： n - 0〜1の数値。

numerical（数値の）も同じ意味。関連語にnumber（数）。

O

☐ **obtain** 動詞 取得する

// Obtain a list of blocked users

// ブロックされているユーザーのリストを取得

例文はソースコードのコメント。類義語にget、fetch、retrieveがあるが、obtainはgetよりもフォーマルな表現（getは日常語に近い）。

☐ **occurrence** 名詞 出現、発生

[Replace all occurrences]

[すべての出現場所を置換]

例文はIDEの検索ダイアログ。関連語はoccur（発生する）。書く際はoccurrenceと、cもrも2つある点に注意。

☐ **offset** 名詞 オフセット

label_x_offset

（ラベルのX軸のオフセット値が入る変数）

オフセットとは、基準点からのずれ（または差）のこと。一般英語では「相殺」や「オフセット印刷」を指す。

□ **optimize** 動詞 最適化する

Your VR device supports Windows 7 or later, but is optimized for Windows 10.

お使いのVRデバイスはWindows 7以降に対応していますが、Windows 10に最適化されています。

ソフトウェアやデバイスの性能が最高になるように設定すること。optimist（楽観主義者）から発生した言葉とされる。

□ **otherwise** 副詞 そうでなければ、さもないと

Returns true if the user exists, false otherwise.

ユーザーが存在する場合はtrue、そうでなければfalseを返す。

例文はAPIリファレンスの関数説明。「if not」というニュアンス。

□ **overview** 名詞 概要

For more information, see the **Sensors Overview** section.

詳細は、「センサー概要」のセクションをご覧ください。

全体的な説明や要点のこと。

□ **overwrite** 動詞 上書きする

File already exists. Do you want to overwrite it?

ファイルはすでに存在します。上書きしますか？

override（オーバーライドする、優先する）とは別の単語である点に注意。

P

□ **padding** 名詞 パディング

paddingTopAndBottom

（上下のパディング値が入る変数）

ウェブやUIのデザインの場合、パディングは要素の「内側」にある余白を指す（外側はマージン）。一般英語では「（衝撃を和らげたり形を整えたりする）詰め物」の意味。

□ **parenthesis** 名詞 丸かっこ

[Remove unnecessary parentheses]

[不要な丸かっこを削除]

例文はIDEのボタン。例文のように複数形は「parentheses」になる点に注意（最後から2文字目がe）。関連語にbrace（波かっこ）やbracket（角かっこ）がある。

☐ **parse** 動詞 パースする、解析する

parse_html(str)

（HTMLをパースする関数。引数は文字列）

パースとは、データの構造を解析すること。

☐ **payload** 名詞 ペイロード

get_payload_data()

（ペイロードのデータを取得する関数）

ペイロードとは、付加情報などを除いた正味データのこと。もともとは支払い（pay）が発生する荷物（load）を指す。

☐ **permit** 動詞 許可する

To the extent permitted by law, we exclude all warranties.

法律で許可される範囲において、当社はあらゆる保証を除外します。

例文は使用許諾契約。語源はper（通って）＋mit（送る）→（通過を）許可する。

☐ **persistence** 名詞 永続化

If you use MySQL for persistence, see the **Using MySQL** section below.

永続化にMySQLを使っている場合、以下の「MySQLを使う」セクションをご覧ください。

永続化とは、データをデータベースなどに保存すること。

☐ **placeholder** 名詞 プレースホルダー

Strings such as %1$s and {0} are all placeholders.

%1$sや{0}といった文字列はすべてプレースホルダーです。

プレースホルダーとは、後で何かを入れるために、あらかじめ場所（place）を確保（hold）しておく印のこと。

☐ **plugin** 名詞 プラグイン

The specified plugin is already installed.

指定のプラグインはすでにインストールされています。

例文はIDEのエラー・メッセージ。プラグインは、ソフトウェアに何らかの機能を追加するソフトウェアのこと。「plug-in」という表記もある。

□ populate　動詞　自動入力する

Populates fields with values read from an array.

配列から読み取った値をフィールドに自動入力。

ユーザーではなくシステムで自動入力させるニュアンス。「populate <入力場所> with <入力するデータ>」という形になる。一般英語では「（人や動物を）定住させる」意味で、語源はpeopleと同じ。例文はAPIリファレンスのメソッド説明。

□ preference　名詞　プリファレンス、ユーザー設定

To change your interface language, select **Edit** > **Preferences** > **Language**.

お使いのインターフェイス言語を変更するには、「編集」→「プリファレンス」→「言語」を選択します。

プリファレンスはユーザーの「好み」による設定。動詞はprefer（好む）。

□ preferred　形容詞　優先の

PREFERRED_API_VERSION

（優先させるAPIバージョン番号が入る定数）

動詞prefer（好む）の過去分詞形でもあり、preferredとrが2つである点に注意。語源はpre（前に）＋fer（運ぶ）→何かをほかよりも前に運ぶ→好む。

□ prefix　名詞　接頭辞、プレフィックス

All values will be stored with a prefix "my_" by default.

すべての値はデフォルトで「my_」のプレフィックスが付けられて保存されます。

何かの「前」（pre-）に付けられる記号のこと。反意語はsuffix（接尾辞、サフィックス）。

□ priority　名詞　優先順位、優先度

Sets the priority of this notification.

この通知の優先度を設定。

例文はAPIリファレンスの関数説明。語源はprior（より前の。「prior to」にも）＋ity（名詞にする）→より先であること。

□ private　形容詞　プライベートな、非公開の

A private IP address will be assigned to each instance automatically.

プライベートIPアドレスが各インスタンスに自動的に割り当てられます。

反意語はpublic（公開の）。一部のプログラミング言語でprivateは予約語になっている。

☐ **progress** 名詞 進行状況

hide_progress()

（進行状況の表示を隠す関数）

一般英語では「進歩」や「発展」の意味もある。語源はpro（前に）＋gress（歩く）。

☐ **protocol** 名詞 プロトコル

Use the HTTPS protocol whenever possible.

可能な場合はいつでもHTTPSプロトコルを使います。

プロトコルとは、通信時の手順やルールのこと。

☐ **prototype** 名詞 プロトタイプ

The UI editor enables you to easily create a GUI prototype.

UIエディターを使うと、GUIのプロトタイプが簡単に作成できます。

プロトタイプとは、試作品のこと。例文のenableはallowと同様に「可能」を表す無生物主語の構文で用いられる。「<無生物> enable <人> to <動詞>」の形を取る。

☐ **provider** 名詞 プロバイダー

location_providers

（位置情報プロバイダーが入る変数）

プロバイダーとは、データなどを提供するサービスや機能のこと。

☐ **provision** 名詞／動詞 プロビジョニング／供給する

Server resources will be provisioned on demand.

サーバーのリソースはオンデマンドで供給されます。

類義語にsupply（供給する）があるが、supplyは日常語に近い。また例文の「on demand」は副詞で、動詞provisionを修飾している。

☐ **proxy** 名詞 プロキシ

To configure your proxy server:

プロキシ・サーバーを構成するには：

例文はマニュアルの見出し。プロキシとは、代理のこと。

Q

☐ **queue** 名詞 キュー、待ち行列

```
// Extract data from the queue.
```

// キューからデータを抽出。

例文はソースコードのコメント。キューは待ち行列のことで、先入れ先出し型のデータ構造のこと。なお先入れ後出し型は「スタック」（stack）。

R

☐ **raw** 形容詞 生の

```
raw_log_data
```

（生のログ・データが入る変数）

何らかの処理を加える前という意味。

☐ **redirect** 動詞 リダイレクトする、転送する

```
redirect_to_login_page()
```

（ログイン・ページにリダイレクトする関数）

リダイレクトとは、別の場所に向かわせるという意味。re（再び）＋direct（向ける）。

☐ **redundant** 形容詞 冗長な

```
A redundant 'else' has been removed successfully.
```

冗長な「else」が正常に削除されました。

例文はIDEのメッセージ。余分で不要というニュアンス。

☐ **refresh** 動詞 更新する

```
Refreshing commit history...
```

コミット履歴を更新中…

例文はIDEのステータス・メッセージ。語源はre（再び）＋fresh（新しい）。

☐ **register** 動詞 登録する

```
registerNewUser()
```

（新しいユーザーを登録するメソッド）

-erで終わっているが、動詞である点に注意（registという単語は存在しない）。

☐ **registration** 名詞 登録

You need to provide credit card information during registration.

登録の途中で、クレジットカード情報を提供する必要があります。

動詞はregister（登録する）。

☐ **registry** 名詞 レジストリー

This section describes how to edit the registry manually.

このセクションではレジストリーを手作業で編集する方法を説明します。

Windowsのレジストリーは、OSやアプリの設定情報が保存されているデータベース。一般英語では「登記所」の意味がある。

☐ **reload** 動詞 再読み込みする、リロードする

Do you want to reload project "myProject" now?

プロジェクト「myProject」を今リロードしますか？

語源はre（再び）＋load（読み込む）。関連語にdownload（ダウンロードする）、load（読み込む）、upload（アップロードする）がある。

☐ **remote** 形容詞 遠隔の、リモートの

Remote debugging is not available because another session is active now.

現在別のセッションがアクティブなため、リモート・デバッグは利用できません。

リモート・デバッグとは、別のコンピューター上や機器上にあるソフトウェアをデバッグすること。

☐ **removal** 名詞 削除、除去

Failing to do so may lead to removal of your account.

それを怠ると、アカウントの削除という結果になる可能性があります。

例文は「Failing to do so」（それを怠ること）が主語。「lead to ～」は「（～という結果に）つながる」という意味で、無生物主語構文で頻繁に用いられる（ほかに「result in ～」も頻出）。

☐ **render** 動詞 描画する、レンダリングする

// Renders the error message as an HTML.

// エラー・メッセージをHTMLとしてレンダリング。

-erで終わっているが動詞である点に注意。「描画」という訳語が用いられることがあるが、renderは「画」だけでなくさまざまなものを表現する際に用いられる。

☐ **repository** 名詞 リポジトリー

Step 3: Push the commit to your remote repository by using the 'push' command.

手順3：「push」コマンドを使って、コミットをリモートのリポジトリーにプッシュします。

リポジトリーとは、ソースコードなどのデータを保管しておく場所のこと。一般英語では「貯蔵庫」の意味。「repo」と略される。

☐ **represent** 動詞 表す

Returns an integer between 0 and 11 (representing the months from January to December).

0から11の整数（1月～12月までの月を表す）を返す。

例文はAPIリファレンスのメソッド説明。一般英語としては「（組織などを）代表する」という意味もある。名詞はrepresentation（表現）。

☐ **representation** 名詞 表現

The value will be converted to decimal representation and returned as a string.

値は十進数表現に変換され、文字列として返されます。

ほかに「（組織の）代理、代表」という意味もある。動詞はrepresent（表す）。

☐ **reserve** 動詞 予約する、確保する

The keyword 'import' is reserved for future use.

キーワード「import」は将来使用するために予約されています。

語源はre（元に）＋serve（保つ）→後ろに保っておく。

☐ **resize** 動詞 サイズ変更する

resize_image()

（画像のサイズを変更する関数）

語源はre（再び）＋size（サイズを決める）。

☐ **resolution** 名詞 解像度、精度、解決

The emulator does not support the specified screen resolution.

エミュレーターは指定の画面解像度に対応していません。

解像度は、画面や写真などでどのくらい精細に表現できるかという程度。一般英語では「決議」や「決意」（「New Year's resolution」で「新年の決意」）という意味も。

☐ **resolve** 動詞 解決する

[Mark as resolved]

[解決済みとマーク]

類義語にsolve（解決する）がある。一般英語では「決議する」や「決意する」という意味も。

☐ **restore** 動詞 復元する

[Restore default window layout]

[デフォルトのウィンドウ・レイアウトを復元]

例文はIDEのボタン。re（再び）＋store（回復する）で、レストランのrestaurantと同語源（もともとフランス語で「元気を回復させる食べ物」の意味）。

☐ **restriction** 名詞 制限

3. Restrictions on Use of Content

3. コンテンツ利用の制限

例文は使用許諾契約。語源はre（元に）＋strict（引っ張る。「厳しい」を表すstrictも同じ）＋ion（名詞にする）→締め付ける。

☐ **retrieve** 動詞 取得する

retrieve_password()

（パスワードを取得する関数）

類義語にget、fetch、obtainがあるが、retrieveは検索して取得するニュアンス。

☐ **revert** 動詞 （以前の状態に）戻る、戻す

If you specify 0, the window reverts to the default size.

0を指定すると、ウィンドウはデフォルトのサイズに戻ります。

自動詞として使う場合は「revert to」の形で用いる。語源はre（元に）＋vert（回る、曲がる）。

☐ **revision** 名詞 改訂、リビジョン

To see the revision history of your file, choose **File** > **Revision History**.

ファイルの改訂履歴を見るには、「ファイル」→「改訂履歴」を選択します。

語源はre（再び）＋vis（見る）＋ion（名詞にする）。動詞はrevise（改訂する、変更する）。

☐ **runtime** 名詞 実行時、ランタイム

// Note that this method is called automatically at runtime.

// このメソッドは実行時に自動的に呼び出される点に注意。

実行時に必要となるソフトウェアが「ランタイム」と呼ばれることもある。

S

☐ sanitize 動詞 サニタイズする

sanitizeTextField()

（テキスト・フィールドをサニタイズするメソッド）

サニタイズとは、有害な動作をし得る文字列を置換すること。一般英語では「消毒する」という意味。

☐ scale 動詞 （大きさを）変える

Parameters: scale - If true, the content will be scaled to fit inside its container.

パラメーター： scale - trueの場合、コンテンツはそのコンテナー内に合うよう大きさが変えられます。

名詞の場合は「規模」や「目盛り」を指す。

☐ schema 名詞 スキーマ

getDbSchema()

（データベースのスキーマを取得するメソッド）

スキーマとは、データベースの構造を指す。なお「scheme」（スキーム）というよく似た単語もある（URLの「http」などの部分を指す）ので注意。

☐ scope 名詞 スコープ、範囲

The specified variable name already exists in the scope.

指定された変数名はすでにスコープ内に存在します。

プログラミングにおけるスコープとは、変数などが有効な範囲のこと。

☐ secure 形容詞 セキュアな、安全な

Then, you have to create a user account and assign a secure password.

続いて、ユーザー・アカウントを作成し、安全なパスワードを割り当てなければなりません。

語源はse（離れて）＋cure（注意。careと同源）→注意する必要がない。

☐ **separator** 名詞 セパレーター、区切り

use_thousand_separator

（桁区切りを使うかどうかが入る変数）

thousand separatorは千の桁区切り（例：「1,000」のカンマ）を指す。なお小数点はdecimal separator。

☐ **sequence** 名詞 シーケンス

Returns the length of this character sequence.

この文字シーケンスの長さを返す。

例文はAPIリファレンスの関数説明。シーケンスとは「連続」のこと。関連語にsequential（シーケンシャルな、順次の）。

☐ **serialize** 動詞 シリアル化する

serializeObject()

（オブジェクトをシリアル化するメソッド）

シリアル化（シリアライズ、直列化とも）とは、オブジェクトなどを保存したり送受信したりできる形式にすること。

☐ **session** 名詞 セッション

This method is called when a session is established.

このメソッドはセッションが確立されたら呼ばれます。

通信などの「確立」という意味では例文のようにestablishが用いられる。

☐ **setup** 名詞 設定、構成、セットアップ

The setup can be different depending on your requirements.

あなたの要件によっては、設定が異なる可能性あります。

動詞はset upと2語になるのが普通だが、1語のケースも見られる。

☐ **shutdown** 名詞 シャットダウン

To modify the shutdown behavior of an instance, see the section below.

インスタンスのシャットダウン動作を変更するには、以下のセクションを参照してください。

シャットダウンとは、システムなどを終了させること。動詞はshut downと2語が普通。

☐ **signature** 名詞 署名、シグネチャー

Cannot change the name. A method with the same signature already exists.

名前を変更できません。シグネチャーが同じメソッドがすでに存在します。

一般英語としては「署名」の意味。プログラミングにおけるシグネチャーとは、メソッドや関数で用いられる名前、パラメーターの数や型などの組み合わせを指す。

☐ **simplify** 動詞 簡素化する

Simplified implementation of findAll() method

findAll()メソッドの実装を簡素化した

例文はコミット・メッセージ。語源はsim（1つの）＋pli（折り曲げる）＋fy（動詞にする）。

☐ **snapshot** 名詞 スナップショット

Step 5: Enter the maximum number of snapshots to keep in the **Snapshots** field.

手順5：保持するスナップショットの最大数を「スナップショット数」フィールドに入力します。

スナップショットとは、ある時点におけるファイルなどの状態を保存したもののこと。

☐ **socket** 名詞 ソケット

set_socket_timeout()

（ソケットのタイムアウト時間を設定する関数）

ソケットとは、ネットワーク通信で用いる仮想的な接続口のこと。

☐ **specification** 名詞 仕様

Refer to the ECMAScript specification for further information.

さらに情報を入手するには、ECMAScriptの仕様を参照してください。

仕様とは、製品やサービスなどが満たすべき要件のこと。また「仕様書」は仕様項目が複数あるためspecificationsと複数形が一般的。「spec」と略される。

☐ **split** 動詞 分割する

Splits a tab-separated string into an array.

タブ区切りの文字列を配列に分割する。

例文はAPIリファレンスの関数説明。類義語にdivide（分割する）がある。

☐ **stack** 名詞 スタック

☑Show stack trace information

☑スタック・トレースの情報を表示

例文はIDEのUI。スタックとは「積み重ね」の意味で、先入れ後出し型のデータ構造を指す。なお先入れ先出し型は「キュー」（queue）。

☐ **standalone** 形容詞 スタンドアロンの

With our framework, you can develop standalone applications for Mac, Linux, and Windows.

当社のフレームワークがあれば、Mac、Linux、そしてWindows向けにスタンドアロンのアプリケーションが開発できます。

スタンドアロンとは、コンピューターがネットワークに接続されずに独立して動作する状態や、ソフトウェアが（特定OSなどに依存せず）単独で動作する状態を表す（例文は後者）。

☐ **startup** 名詞 起動、スタートアップ

Select this option to hide the dialog at startup.

起動時にダイアログを非表示にするには、このオプションを選択します。

スタートアップは、コンピューターなどの「起動」も「スタートアップ企業」も指す。

☐ **static** 形容詞 静的な

The log() is a static method of the Math class.

log()はMathクラスの静的メソッドです。

一部のプログラミング言語では予約語となっている。反意語はdynamic（動的な）。

☐ **storage** 名詞 ストレージ

can_use_local_storage()

（ローカルのストレージを使えるかどうかを返す関数）

ストレージは記憶装置のこと。一般英語としては「貯蔵」の意味がある。不可算名詞（aを付けたり複数形にしたりしない）で扱われること多い。

☐ **stream** 名詞 ストリーム

The input_stream function opens a file and returns an input stream to read from the file.

input_stream関数はファイルを開き、このファイルから読み取る入力ストリームを返します。

ストリームとはデータの流れのこと。一般英語では「小川」や「（液体や気体の）流れ」を指す。

☐ **successfully** 副詞 正常に

The IDE has successfully uninstalled the plugin.

IDEはプラグインを正常にアンインストールしました。

形容詞はsuccessful（成功した）。辞書では「首尾よく」といった訳語が見られるが、ソフトウェア分野では「正常に」がよく用いられる。類義語にcorrectly（正しく）がある。

☐ **suffix** 名詞 接尾辞、サフィックス

A suffix must be an underscore followed by one or more numeric characters (e.g., _123).

接尾辞は、アンダースコアの後に1つ以上の数字がつながっていなければなりません（例：_123）。

反意語はprefix（接頭辞）。例文の「～ followed by …」は「～が…に追いかけられる」ことから、「～の後に…が続く」という意味になる。

☐ **suppress** 動詞 表示しない

☑Suppress debug info

☑デバッグ情報を表示しない

suppressは「抑制する」という意味で、そこから「表示しない」というニュアンスが生まれる。語源はsup←sub（下に）＋press（押す）→抑制する。

☐ **synchronize** 動詞 同期する

Synchronizing project files...

プロジェクトのファイルを同期中…

例文はIDEのメッセージ。名詞はsynchronization（同期）。語源はsyn（共に）＋chron（時間）＋ize（動詞にする）→同時にする。「sync」と略される。

☐ **syntax** 名詞 構文、シンタックス

The new version provides improved syntax highlighting for many languages.

新バージョンでは、改善されたシンタックス・ハイライトを多くの言語向けに提供しています。

シンタックスは、プログラミング言語における構文方法（文法）のこと。

T

☐ **terminate** 動詞 終了する

terminate_vm()

（仮想マシンを終了する関数）

例文のvmはvirtual machineのこと。語源はterm（境界）＋in＋ate（動詞にする）→境界を決める→終わらせる。名詞はtermination（終了）。

☐ **termination** 名詞 終了

5. Termination and cancellation

5. 終了とキャンセル

例文は使用許諾契約の見出し。動詞はterminate（終了する）。例文にあるcancellationはcancelの名詞。

☐ **terms** 名詞 利用条件

ABCD Terms of Service

ABCD社サービス利用条件

例文は使用許諾契約のタイトル。「（利用）条件」の意味ではtermsと複数形が一般的。単数形の場合は「期間」や「専門用語」を指す。

☐ **third party** 名詞 サード・パーティー、第三者

If any of your content infringes the rights of any third party, we may request that such content be removed from the services.

あなたのコンテンツが第三者の権利を侵害している場合、そういったコンテンツを本サービスから削除するよう当社は要求できるものとします。

例文は使用許諾契約。サード・パーティーとは、ある製品（例：iPhone）に関連した製品（例：iPhoneケース）を販売する、大元の事業者（例：アップル社）以外の事業者を指す。ここでpartyとは法律用語で「当事者」や「関係者」のことで、一般英語では「（人が集まる）パーティー」、「政党」、「一団」（RPGなどの「パーティー」はこれ）とさまざまな意味がある。

☐ **thread** 名詞 スレッド

Returns the current priority of a thread.

スレッドの現在の優先順位を返す。

例文はAPIリファレンスのメソッド説明。スレッドとはプログラムの最小処理単位のこと。一般英語では「糸」の意味がある。

☐ **timestamp** 名詞 タイムスタンプ

Parameters: time - A number representing a timestamp in milliseconds.

パラメーター： time - ミリ秒単位でタイムスタンプを表す数字。

タイムスタンプとは日時を示す文字列のこと。

☐ **todo** 名詞 TODO、するべきこと

// TODO: we should rename this method to isUserLoggedIn

// TODO： このメソッドはisUserLoggedInに名前を変更すべき

「to-do」というスペルもある。また可算名詞なので複数形は「todos」や「TODOs」と書かれる。

☐ **toggle** 動詞 切り替える

Touch the button in the lower-left corner to toggle between day and night modes.

昼モードと夜モードを切り替えるには、左下隅のボタンをタッチします。

オンとオフがある電気スイッチのように、ある状態と別の状態を切り替える際に用いられる。類義語はswitch（切り替える）。

☐ **token** 名詞 トークン

getApiToken()

（APIトークンを取得するメソッド）

例文のAPIトークンとは、APIを利用する際に認証に使われるテキスト。

☐ **transaction** 名詞 トランザクション

Be sure not to call this function while a transaction is in progress.

トランザクションが進行中にこの関数は呼び出さないようにします。

トランザクションとは、ひとまとまりで分けられない処理単位のこと。例文の「in progress」は「進行中の」の意味。

☐ **transfer** 動詞 転送する

Parameters: bytes - Maximum number of bytes that can be transferred.

パラメーター： bytes - 転送可能な最大バイト数。

語源はtrans（～を超えて）＋fer（運ぶ）。類義語にforward（転送する。動詞である点に注意）。

☐ **transform** 動詞 変換する、変形する

The to_string() lets you transform a number to a string.

to_string()を使うと、数字を文字列に変換できます。

語源はtrans（～を超えて）＋form（形）。類義語にconvert（変換する）がある。

☐ **transition** 名詞 遷移

These options control the transition between two scenes.

これらのオプションで2つのシーンの遷移を制御します。

語源はtrans（〜を超えて）＋it（行く）＋ion（名詞にする）。

☐ **trigger** 動詞 トリガーする

// Triggers the save operation, if a file is modified

// ファイルが変更された場合、保存操作をトリガーする

例文はソースコードのコメント。トリガーとは、何かを引き起こさせること。一般英語では「（銃の）引き金」の意味。類義語にfire（始動する、発火する）。

☐ **tweak** 動詞 微調整する

Tweaked the comment in is_file_writable()

is_file_writable()のコメントを微調整した

例文はコミット・メッセージ。少しだけ修正して改善するニュアンス。

☐ **typo** 名詞 入力ミス、タイポ

Fix typo: "ocurred" -> "occurred"

入力ミスを修正：「ocurred」→「occurred」

例文はコミット・メッセージ。印刷物の場合は「誤植」とも。

U

☐ **unauthorized** 形容詞 権限のない

You agree to notify us immediately of any unauthorized use of your account.

あなたのアカウントで権限のない利用があれば、即座に当社に通知することに、あなたは同意します。

例文は使用許諾契約。un（否定）＋authorized（権限を与えられた）。

☐ **unavailable** 形容詞 利用できない

Unfortunately, the server is unavailable at this moment.

残念ながら、現在サーバーは利用できません。

un（否定）＋available（利用可能な）。

☐ **undefined** 形容詞 未定義の

Returns the initial size of memory, or -1 if the size is undefined.

メモリの初期サイズ、またはサイズが未定義なら-1を返す。

例文はAPIリファレンスのメソッド説明。un（否定）＋defined（定義された）。

☐ **unexpected** 形容詞 予期しない

Unexpected error while restarting the server.

サーバーの再起動中に予期しないエラー。

un（否定）＋expected（予期した）。例文はIDEのエラー・メッセージで、動詞など語がいくつか省略されている点に注意（補うと「An unexpected error occurred while the IDE was restarting the server.」などとなる）。

☐ **unique** 形容詞 一意の、固有の

A project name must be unique within your account.

プロジェクト名はアカウント内で一意でなければなりません。

語源はuni（1）＋que→1つしかない。

☐ **unknown** 形容詞 不明の

Login failed for unknown reason.

不明な理由でログインに失敗しました。

例文はIDEのエラー・メッセージ。un（否定）＋known（知られた）。

☐ **unnecessary** 形容詞 不要な

// If the value is the same, skip unnecessary database accesses.

// 値が同じ場合、不要なデータベース・アクセスをスキップ

例文はソースコードのコメント。un（否定）＋necessary（必要な）。

☐ **unresolved** 形容詞 未解決の

Cannot commit due to unresolved conflicts.

未解決の競合のため、コミットできません。

例文はIDEのエラー・メッセージ。un（否定）＋resolved（解決した）。

☐ **unsupported** 形容詞 非対応の、サポートされない

Throws an exception if the encoding is unsupported.

エンコーディングがサポートされない場合、例外をスローします。

例文はAPIリファレンスのメソッド説明。un（否定）＋supported（サポートされた）。

☐ **usage** 名詞 利用、使用

The memory usage of your application will be shown in the upper right pane.

お使いのアプリケーションのメモリー使用量は、右上のペインに表示されます。

例文のように「右上の」は「upper right」となる。日本語では左右、上下の順（例：右上、左下）で表現するが、英語では逆に上下、左右の順（例：upper right、lower left）である点に注意。

☐ **username** 名詞 ユーザー名

Username and password are required, and other fields are optional.

ユーザー名とパスワードは必須で、その他のフィールドは任意です。

「user name」と2語で表記されることもあるが、1語が一般的。

V

☐ **valid** 形容詞 有効な

isValidUrl()

（有効なURLかどうかを返すメソッド）

反意語はinvalid（無効な）。

☐ **validate** 動詞 （妥当性を）確認する、検証する

The validate() function is a useful way to validate credit card numbers.

validate()関数は、クレジットカード番号を検証するのに便利な方法です。

日本語で「確認する」と訳される単語は複数ある（例：check、confirm、verify）。validateは何かが妥当であることを検査したり証明したりするニュアンス（分野によってはverifyと厳密に区別して使うことも）。名詞はvalidation（確認、検証）。

☐ **validation** 名詞 検証

If null is returned, the validation is considered to have failed.

nullが返された場合、検証は失敗したと考えられます。

名詞はvalidate（検証する）。

☐ **verbose** 形容詞 詳細な

☑ Use verbose output mode

☑ 詳細出力モードを使用

例文はIDEのメニュー。「必要とされるよりも説明が多い」というニュアンス（そのため「冗長な」と訳されることも）。

☐ **verify** 動詞 （正しいことを）確認する、検証する

To verify that the web server is working correctly, visit the website at www.example.com.

ウェブ・サーバーが正しく動作していることを確認するために、www.example.comのウェブサイトを訪問します。

日本語の「確認する」に該当する単語にはcheck、confirm、validateなどがある。verifyは何かが正しいことを確かめるニュアンス（validateと厳密に区別して使うことも）。名詞はverification（確認、検証）。

☐ **virtual** 形容詞 仮想の

Returns the uptime of the virtual server in milliseconds.

仮想サーバーのアップタイムをミリ秒単位で返す。

反意語はphysical（物理の）やreal（リアルの、実〜）。例文のuptimeは機器が動作している時間のこと。

☐ **visibility** 名詞 可視性、可視範囲

Only one visibility modifier can be selected.

可視性の修飾子は1つだけ選択が可能です。

例文はIDEのメッセージ。形容詞はvisible（可視の）。

☐ **visible** 形容詞 可視の、表示できる

If the value is set to true, the login button will be visible.

値がtrueに設定された場合、ログイン・ボタンが表示されます。

名詞はvisibility（可視性）。語源はvis（見る）＋ible（可能な）。

W

☐ **whitespace** 名詞 空白、スペース

// Remove all leading whitespace.

// 先頭の空白をすべて除去。

例文はソースコードのコメント。一般的には不可算名詞扱い（whitespacesとしない）。「white space」と2語で表記されることもあるが、プログラミング分野では1語が多い。

□ **wrap** 動詞 ラップする、（テキストを）折り返す

☑Wrap text

☑テキストを折り返す

例文はIDEのUI。一般英語では「包む」という意味。なお日本語でラップと表記される言葉のうち、音楽のラップは「rap」、ラップトップのラップ（座った際にできる太もも上部の平らな部分）は「lap」とスペルが異なるので注意。

□ **wrapper** 名詞 ラッパー

isWrapperClass()

（ラッパー・クラスかどうかを返すメソッド）

ラッパーとは、もともとのクラスや関数などを（包むようにして）使いやすくするもの。

Z

□ **zip** 動詞 （ファイルを）圧縮する

To learn more about how to create a project, you can download examples as a zipped file.

プロジェクトを作成する方法をさらに知るために、例を圧縮ファイルとしてダウンロードできます。

一般英語では「（服や鞄などを）ファスナーで閉じる」という意味。反意語はunzip（ファイルを解凍する、展開する）。

第7章
その他の英単語

本章では、ベーシック300およびアドバンスト300以外の英単語を取り上げます。

前提英単語が100個、略語が70個、頭字語が30個です。参考までに代表的なプログラミング言語の予約語も掲載しています。

前提英単語100

ベーシック以前に覚えておくべき入門的な英単語です。知らない単語がないかチェックし、あれば確実に覚えておきましょう。

A

action	名詞	アクション、操作
add	動詞	追加する
agree	動詞	同意する
activity	名詞	アクティビティー、活動
address	名詞	アドレス、住所
area	名詞	領域、エリア

B

below	副詞	下記に
break	動詞	中断する
button	名詞	ボタン
body	名詞	本体、本文
build	動詞／名詞	構築する／ビルド

C

call	動詞	呼び出す
check	動詞	確認する、チェックする
choose	動詞	選択する
clean	形容詞／動詞	きれいな／きれいにする
compare	動詞	比較する
change	動詞	変更する
child	名詞	子
class	名詞	クラス
close	動詞	閉じる
complete	動詞／形容詞	完了する／完全な

copy 動詞／名詞 コピーする／コピー

correct 形容詞／動詞 正確な／訂正する

create 動詞 作成する

D

describe 動詞 説明する

description 名詞 説明

detail 名詞 詳細

E

email 名詞／動詞 メール／メールを送る

event 名詞 イベント、出来事

example 名詞 例

extra 形容詞 余分な、追加の

F

false 形容詞 誤りの、偽の

final 形容詞 最終の

find 動詞 検索する

finish 動詞 終了する、完了する

follow 動詞 従う、フォローする

form 名詞 フォーム

free 形容詞 空きの、無料の

G

get 動詞 獲得する

group 名詞 グループ

H

health 名詞 ヘルス、正常性

I

improve 動詞 改良する

include 動詞 含む、インクルードする

information 名詞 情報

introduce 動詞 導入する、紹介する

J、K

join 動詞 結合する

key 名詞 キー

L

language 名詞 言語

later 副詞 後で

line 名詞 行、線

list 名詞／動詞 リスト／一覧表示する

M

make 動詞 作成する

match 動詞 一致する

menu 名詞 メニュー

message 名詞 メッセージ

model 名詞 モデル、型

move 動詞 移動する

N

name 名詞 名前
number 名詞 数
next 形容詞 次の

O

object 名詞 オブジェクト、物体、対象
open 動詞／形容詞 開く／開いた

P

parent 名詞 親
play 動詞 再生する
prepare 動詞 準備する
product 名詞 製品、プロダクト
password 名詞 パスワード
post 動詞／名詞 書き込む／投稿
problem 名詞 問題

R

read 動詞 読み取る
rule 名詞 ルール、規則
return 動詞 戻す、返す
run 動詞 実行する

S

section 名詞 セクション、部分
send 動詞 送信する
set 動詞 設定する
size 名詞 大きさ
space 名詞 スペース、空白
statement 名詞 ステートメント、文
style 名詞 スタイル
see 動詞 見る
service 名詞 サービス
show 動詞 表示する
software 名詞 ソフトウェア
start 動詞 開始する
stop 動詞 停止する

T

test 名詞／動詞 テスト／テストする
tree 名詞 木、ツリー
traffic 名詞 トラフィック、通信量
true 形容詞 正しい、真の

U

use 動詞／名詞 使う／使用
user 名詞 ユーザー
useful 形容詞 便利な

V

visit 動詞 訪問する、アクセスする

W

wait 動詞 待機する
website 名詞 ウェブサイト

window	名詞 ウィンドウ	**write**	動詞 書き込む

Y

you	代名詞 あなた、ユーザー	**your**	代名詞 あなたの、ユーザーの

略語70

attrやvalなど頻繁に目にする70個の略語です。

A

addr	addressの略	**admin**	administratorの略
app	applicationの略	**arg**	argumentの略
args	argumentsの略	**async**	asynchronization（非同期）の略
attr	attributeの略	**attrs**	attributesの略
auth	authorization（権限付与）、authenticationの略	**auto**	automatic、automaticallyの略

C

cert	certified（認定された）、certificateの略	**char**	characterの略
cmd	commandの略	**config**	configurationの略
conn	connectionの略	**ctrl**	Controlキーの略
cur	current、cursorの略		

D

db	databaseの略	**deps**	dependenciesの略
dest	destinationの略	**dev**	developer、developmentの略
dict	dictionaryの略	**diff**	differenceの略
dir	directoryの略	**doc**	documentの略

E

enum	enumerationの略	**env**	environmentの略
err	errorの略	**exec**	executionの略

F、G

fn	functionの略	**gen**	generationの略

I

id	identification、identifierの略	**idx**	indexの略

impl implementationの略
init initializationの略
info informationの略
int integerの略

L

lib libraryの略

M

max maximumの略
msg messageの略
min minimum、minuteの略

N

num numberの略

O

obj objectの略
opts optionsの略
op operationの略

P

param parameterの略
pos positionの略
prop propertyの略
params parametersの略
prev previousの略
props propertiesの略

R

ref referenceの略
regex regular expressionの略
req requestの略
resp responseの略
refs referencesの略
repo repositoryの略
res responseの略
ret returnの略

S

spec specificationの略
str stringの略
src sourceの略
sync synchronization（同期）の略

T

temp temporaryの略
tmp temporaryの略

U

usr userの略
utils utilities（ユーティリティー）の略

V

val valueの略
vars variablesの略
var variableの略

頭字語30

APIやHTTPなど頻繁に目にする30個の頭字語です。

A

API	Application Programming Interfaceのこと

C

CI	Continuous Integrationのこと	**CLI**	Command Line Interfaceのこと
CPU	Central Processing Unitのこと	**CSS**	Cascading Style Sheetのこと

D

DNS	Domain Name Systemのこと	**DOM**	Document Object Modelのこと

H

HTML	HyperText Markup Languageのこと	**HTTP**	HyperText Transfer Protocolのこと
HTTPS	HyperText Transfer Protocol Secureのこと		

I

IDE	Integrated Development Environmentのこと	**IE**	Id Est（ラテン語で「つまり」）、Internet Explorerのこと
IO	Input/Outputのこと	**IP**	Internet Protocolのこと

J

JSON	JavaScript Object Notationのこと

N

NFC	Near Field Communicationのこと

O

OS	Operating Systemのこと

R

RE	Regular Expressionのこと	**RGB**	Red Green Blueのこと

S

SDK	Software Development Kitのこと	**SQL**	Structured Query Languageのこと
SSH	Secure SHellのこと	**SSL**	Secure Sockets Layerのこと

U

UI	User Interfaceのこと	**URI**	Uniform Resource Identifierのこと
URL	Uniform Resource Locatorのこと		

V

VM	Virtual Machineのこと

W

WIP	Work In Progress（作業中）のこと	**WWW**	World Wide Webのこと

X

XML	eXtensible Markup Languageのこと

予約語（参考）

代表的なプログラミング言語で用いられる予約語（キーワード）を参考までに掲載しています。アンダースコア（_）で始まる語など一部は掲載していません。

言語名の省略：

- J：Java
- JS：JavaScript（ECMAScript）
- PH：PHP
- Py：Python
- Rb：Ruby

A

abstract	C#、PH、J	**alias**	Rb
and	PH、Py、Rb	**array()**	PH
as	C#、PH、Py	**assert**	J、Py
async	Py	**await**	Py

B

base	C#	**bool**	C#、PH
boolean	J	**break**	C#、J、JS、PH、Py、Rb
byte	C#、J		

C

callable	PH	**case**	C#、J、JS、PH、Rb
catch	C#、J、JS、PH	**char**	C#、J
checked	C#	**class**	C#、J、JS、PH、Py、Rb
clone	PH	**const**	C#、J、PH
continue	C#、J、JS、PH、Py		

D

debugger	JS	**decimal**	C#
declare	PH	**def**	Py、Rb
default	C#、J、JS、PH	**defined?**	Rb
del	Py	**delegate**	C#
delete	JS	**die()**	PH
do	C#、J、JS、PH、Rb	**double**	C#、J

E

echo	PH	**elif**	Py
else	C#、J、JS、PH、Py、Rb	**elseif**	PH
elsif	Rb	**empty()**	PH
enddeclare	PH	**endfor**	PH
endforeach	PH	**endif**	PH
endswitch	PH	**endwhile**	PH
ensure	Rb	**enum**	C#、J、JS
eval()	PH	**event**	C#
except	Py	**exit()**	PH
explicit	C#	**export**	JS
extends	J、JS、PH	**extern**	C#

F

false	C#、JS、PH、Rb	**final**	J、PH
finally	C#、J、JS、PH、Py	**fixed**	C#
float	C#、J、PH	**for**	C#、J、JS、PH、Py、Rb
foreach	C#、PH	**from**	Py
function	JS、PH		

G

global	PH、Py	**goto**	C#、J、PH

I

if	C#、J、JS、PH、Py、Rb	**implements**	J、JS、PH
implicit	C#	**import**	J、JS、Py
in	#C、JS、Py、Rb	**include**	PH
include_once	PH	**instanceof**	J、JS、PH
insteadof	PH	**int**	C#、J、PH
interface	C#、J、JS、PH	**internal**	C#
is	C#、Py	**isset()**	PH
iterable	PH		

L

lambda	Py	**let**	JS
list()	PH	**lock**	C#
long	C#、J		

M

module	Rb

N

namespace	C#、PH	**native**	J
new	C#、J、JS、PHP	**next**	Rb
nil	Rb	**None**	Py
nonlocal	Py	**not**	Py、Rb
null	C#、JS、PH		

O

operator	C#	**or**	PH、Py、Rb
out	C#	**override**	C#

P

params	C#	**pass**	Py
print	PH	**private**	C#、J、JS、PH
protected	C#、J、JS、PH	**public**	C#、J、JS、PH

R

raise	Py	**readonly**	C#
redo	Rb	**ref**	C#
require	PH	**require_once**	PH
rescue	Rb	**retry**	Rb
return	C#、J、JS、PH、Py、Rb		

S

sbyte	C#	**sealed**	C#
self	Rb	**short**	C#、J
sizeof	C#	**stackalloc**	C#
static	C#、J、JS、PH	**strictfp**	J
string	C#、PH	**struct**	C#
super	J、JS、Rb	**switch**	C#、J、JS、PH
synchronized	J		

T

then	Rb	**this**	C#、J、JS
throw	C#、J、JS、PH	**throws**	J
trait	PH	**transient**	J
true	C#、JS、PH、Rb	**try**	C#、J、JS、PH、Py
typeof	C#、JS		

U

uint	C#	**ulong**	C#
unchecked	C#	**undef**	Rb
unless	Rb	**unsafe**	C#
unset()	PH	**until**	Rb
use	PH	**ushort**	C#
using	C#	**using static**	C#

V

var	JS、PH	**virtual**	C#
void	C#、J、JS、PH	**volatile**	C#、J

W

when	Rb	**while**	C#、J、JS、PH、Py、Rb
with	JS、Py		

X

xor	PH

Y

yield	JS、PH、Py、Rb	**yield from**	PH

必須英単語の日本語索引

プログラミング必須英単語600+を日本語から引けます。対象はベーシック300、アドバンスト300、および前提英単語100です。略語70と頭字語30は掲載されていません。また数字はページ番号です。

アルファベット

あ

い

う

え

お

か

き

く

け

こ

に

ね

の

は

ひ

ふ

へ

ほ

ま

み

む

め

代表的な語源の一覧

ベーシック300およびアドバンスト300の英単語の解説中に「語源」を使った説明がいくつも登場しています。たとえば「鱸」や「鰊」という漢字の読み方が分からなくても、魚へんを見れば魚の種類だと想像できます（なお前者は「すずき」、後者は「にしん」）。英語でも同様に、英単語を形成する語源を覚えておくと、何となく意味を推測できたり、単語を覚えやすくなったりします。

ここではベーシック300およびアドバンスト300の単語で複数回登場する代表的なものだけをまとめています。以下の3種類に分けて一覧にしています。

- 語根：語を構成する中核となるもの
- 接頭辞：語の先頭に付くもの。意味の決定に関わる
- 接尾辞：語の末尾に付くもの。品詞の決定に関わる

ぜひ語源を手がかりにして語彙力を高めてください。なお、かっこ内の数字はページ番号です。

語根

able：できる

disable（198）　enable（199）　unable（180）

cap、ceive、cept：つかむ

accept（132）　capability（191）　capacity（136）　capture（191）
except（148）　receive（169）

cess：行く

access（132）　process（167）

clar、clare：明るい

clarify（192）　declare（196）

clude：閉じる

exclude（201）　including（155）

fer：運ぶ

preferred（217）　refer（170）　transfer（229）

form：形

perform（165）　transform（229）

gen：種族、生む

general（152）　generate（152）　generation（203）

it：行く

exit（149）　initial（206）　transition（229）

late、lay：運ぶ

delay（196）　translate（180）

lect：選ぶ

collection（139）　select（174）

loc：場所

allocation（186）　local（158）　location（159）

man、manu：手

manage（160）　manual（210）

mit：送る

commit（139）　emit（199）　permit（216）　submit（177）

not：印を付ける

annotation（186）　notify（214）

play、ple、plic、ploy、ply：折り曲げる

apply（133）　deploy（197）　display（198）　duplicate（199）　multiple（212）
simplify（225）

pon、posit：置く

component（140）　position（166）

port：運ぶ

export（149）　import（155）　report（171）　support（177）

press：押す

compress（193）　express（150）　suppress（227）

quest、quire：尋ねる

request（171）　require（171）

spect：見る

expected（149）　inspect（207）

straint、strict：引っ張る

constraint（194）　restriction（222）

stroy、struct：建てる

construct（194）　destroy（144）　instruction（156）

tach、tact：触る

attach（187）　contact（194）

tain、tinue：保つ

contain（141）　continue（141）

tect：覆う

detect（198）　protect（167）

term：境界

determine（145）　terminate（227）

trib：与える

attribute（134）　contribute（194）　distribute（198）

uni：1

unique（231）　unit（181）

vers、vert：曲がる

convert（194）　revert（222）　version（182）

view、vis：見る

preview（166）　revision（222）　visibility（233）

接頭辞

ac-、ad-、al-、an-、ap-、as-、at-：～に

accept（132）　access（132）　adjust（185）　allocation（186）
annotation（186）　append（186）　apply（133）　assign（187）
associate（187）　attach（187）　attribute（134）

com-、con-：共に

collection（139）　commit（139）　component（140）　compress（193）
condition（140）　configure（193）　conflict（194）　connect（140）
constraint（194）　construct（194）　contact（194）　contain（141）
continue（141）　contribute（194）　convert（194）

de-、dis-：離れて、否定

debug（144）　delay（196）　deploy（197）　destroy（144）　detect（198）
determine（145）　development（145）　disable（198）　display（198）
distribute（198）

e-、ex-：外に

emit（199）　enumeration（201）　except（148）　exclude（201）　exist（149）
exit（149）　expand（149）　expected（149）　export（149）　express（150）
extend（202）　extract（202）

en-：～にする

enable（199）　encode（200）　ensure（200）

im-、in-：中に

import（155）　including（155）　initial（206）　insert（207）　inspect（207）

on-：上に

instruction（156）　invoke（208）

pre-、pro-：前に

preferred（217）　preview（166）　process（167）　progress（218）
protect（167）

re-（1）：元に

receive（169）　refer（170）　remove（170）　report（171）　reserve（221）
restriction（222）　revert（222）

re-（2）：再び

refresh（219）　release（170）　reload（220）　rename（170）　replace（170）
request（171）　require（171）　reset（171）　resize（221）　restart（172）
restore（222）　revision（222）

se-：離れて

secure（223）　select（174）

sub-：下に

submit（177）　support（177）　suppress（227）

trans-：～を超えて

transfer（229）　transform（229）　transition（229）　translate（180）

un-：否定

unable（180）　undo（180）　uninstall（180）　unused（181）

接尾辞

-al：形容詞にする

local（158）　manual（210）

-ate： 動詞にする

activate（185） activate（185） certificate（191） duplicate（199）
enumeration（201） navigate（213） terminate（227）

-ible： 形容詞（「可能な」）にする

accessible（184） visibility（233）

-ify： 動詞にする

clarify（192） notify（214）

-ion： 名詞にする

allocation（186） annotation（186） location（159） collection（139）
condition（140） generation（203） position（166） restriction（222）
transition（229） version（182）

-ity： 名詞にする

capability（191） priority（217）

-ment： 名詞にする

development（145） document（146）

-ute： 動詞にする

attribute（134） contribute（194）

オープンソース・コンテンツのライセンス表示

MITライセンス

第1章

Chart.js

Copyright (c) 2018 Chart.js Contributors

Jenkins

Copyright (c) 2004-, Kohsuke Kawaguchi, Sun Microsystems, Inc., and a number of other of contributors

React

Copyright (c) Facebook, Inc. and its affiliates.

Atom

Copyright (c) 2011-2019 GitHub Inc.

第2章

JQuery UI

Copyright 2020 The jQuery Foundation

Vue.js

Copyright (c) 2013-present Yuxi Evan You

ライセンス本文

Permission is hereby granted, free of charge, to any person obtaining a copy of this software and associated documentation files (the "Software"), to deal in the Software without restriction, including without limitation the rights to use, copy, modify, merge, publish, distribute, sublicense, and/or sell copies of the Software, and to permit persons to whom the Software is

Apache 2.0ライセンス

第2章

Android Developers（リファレンス）

Copyright (c) Android Open Source Project

第3章

Android Developers（Android Studio）

Copyright (c) Android Open Source Project

Docker

Copyright 2016 Docker, Inc.

第4章

IntelliJ Community Edition (CE)

Copyright 2000-2018 JetBrains s.r.o.

ライセンス本文

controlled by, or are under common control with that entity. For the purposes of this definition, "control" means (i) the power, direct or indirect, to cause the direction or management of such entity, whether by contract or otherwise, or (ii) ownership of fifty percent (50%) or more of the outstanding shares, or (iii) beneficial ownership of such entity.

"You" (or "Your") shall mean an individual or Legal Entity exercising permissions granted by this License.

"Source" form shall mean the preferred form for making modifications, including but not limited to software source code, documentation source, and configuration files.

"Object" form shall mean any form resulting from mechanical transformation or translation of a Source form, including but not limited to compiled object code, generated documentation, and conversions to other media types.

"Work" shall mean the work of authorship, whether in Source or Object form, made available under the License, as indicated by a copyright notice that is included in or attached to the work (an example is provided in the Appendix below).

"Derivative Works" shall mean any work, whether in Source or Object form, that is based on (or derived from) the Work and for which the editorial revisions, annotations, elaborations, or other modifications represent, as a whole, an original work of authorship. For the purposes of this License, Derivative Works shall not include works that remain separable from, or merely link (or bind by name) to the interfaces of, the Work and Derivative Works thereof.

"Contribution" shall mean any work of authorship, including the original version of the Work and any modifications or additions to that Work or Derivative Works thereof, that is intentionally submitted to Licensor for inclusion in the Work by the copyright owner or by an individual or Legal Entity authorized to submit on behalf of the copyright owner. For the purposes of this definition, "submitted" means any form of electronic, verbal, or written communication sent to the Licensor or its representatives, including but not limited to communication on electronic mailing lists, source code control systems, and issue tracking systems that are managed by, or on behalf of, the Licensor for the purpose of discussing and improving the Work, but excluding communication that is conspicuously marked or otherwise designated in writing by the copyright owner as "Not a Contribution."

"Contributor" shall mean Licensor and any individual or Legal Entity on behalf of whom a Contribution has been received by Licensor and subsequently incorporated within the Work.

2. Grant of Copyright License. Subject to the terms and conditions of this License, each Contributor hereby grants to You a perpetual, worldwide, non-exclusive, no-charge, royalty-free, irrevocable copyright license to reproduce, prepare Derivative Works of, publicly display, publicly perform, sublicense, and distribute the Work and such Derivative Works in Source or Object form.

3. Grant of Patent License. Subject to the terms and conditions of this License, each Contributor hereby grants to You a perpetual, worldwide, non-exclusive, no-charge, royalty-free, irrevocable (except as stated in this section) patent license to make, have made, use, offer to sell, sell, import, and otherwise transfer the Work, where such license applies only to those patent claims licensable by such Contributor that are necessarily infringed by their Contribution(s) alone or by combination of their Contribution(s) with the Work to which such Contribution(s) was submitted. If You institute patent litigation against any entity (including a cross-claim or counterclaim in a lawsuit) alleging that the Work or a Contribution incorporated within the Work constitutes direct or contributory patent infringement, then any patent licenses granted to You under this License for that Work shall terminate as of the date such litigation is filed.

4. Redistribution. You may reproduce and distribute copies of the Work or Derivative Works thereof in any medium, with or without modifications, and in Source or Object form, provided that You meet the following conditions:

You must give any other recipients of the Work or Derivative Works a copy of this License; and
You must cause any modified files to carry prominent notices stating that You changed the files; and
You must retain, in the Source form of any Derivative Works that You distribute, all copyright, patent, trademark, and attribution notices from the Source form of the Work, excluding those notices that do not pertain to any part of the Derivative Works; and
If the Work includes a "NOTICE" text file as part of its distribution, then any Derivative Works that You distribute must include a readable copy of the attribution notices contained within such NOTICE file, excluding those notices that do not pertain to any part of the Derivative

CC BY 3.0

https://creativecommons.org/licenses/by/3.0/

Visual Studio Codeドキュメント（第3章）

CC BY 4.0

https://creativecommons.org/licenses/by/4.0/

Google Apps Script（第3章）

Google（Google Developersウェブサイト）による著作物。

その他のライセンス

Django（第1、4章）

Flask（第1章）

scikit-learn（第2章）

Heroku CLI（第3章）

参考文献

本書の執筆にあたって参考にした文献です。

- 『Code Complete, Second Edition』（Steve McConnell著、Microsoft Press、2004年）
- 『The Art of Readable Code』（Dustin Boswell & Trevor Foucher著、O'Reilly Media、2011年）
- 『アプリ翻訳実践入門』（西野竜太郎 著、グローバリゼーションデザイン研究所、2018年）
- 『現場で困らない！ ITエンジニアのための英語リーディング』（西野竜太郎 著、翔泳社、2017年）
- 『これだけは知っておきたい　英文ライセンス契約実務の基礎知識』（小高壽一 著、民事法研究会、2012年）
- 『語根中心英単語辞典』（瀬谷廣一 著、大修館書店、2001年）
- 『メモリー英語語源辞典』（中島節 編、大修館書店、1998年）
- 『ロイヤル英文法 改訂新版』（綿貫陽ほか 著、旺文社、2010年）
- 「Online Etymology Dictionary」（Douglas Harper著、www.etymonline.com）

著者紹介

西野 竜太郎（にしの りゅうたろう）

IT分野の英語翻訳者。2017年から日本翻訳連盟（JTF）の理事も務める。産業技術大学院大学修了（情報システム学修士）、東京工業大学大学院博士課程単位取得退学（専門は言語学）。

著書に『アプリケーションをつくる英語』（達人出版会／インプレス）、『ITエンジニアのための英語リーディング』（翔泳社）、『ソフトウェア・グローバリゼーション入門』（達人出版会／インプレス）などがある。『アプリケーションをつくる英語』で第4回ブクログ大賞（電子書籍部門）を受賞。

レビュー協力

池田功平　オーハラ　川中正隆　木村翔矢　倉田誠　小西 紘　近藤 永
haruit　F.Toyoshima

プログラミング英語教本（えいごきょうほん）

2020年7月15日　初版第1刷発行

著者	西野 竜太郎
発行所	合同会社 グローバリゼーションデザイン研究所
	〒130-0006 東京都中央区日本橋富沢町4-10 京成日本橋富沢町ビル2F-10 https://globalization.co.jp
印刷・製本	シナノ書籍印刷 株式会社

ISBN 978-4-909688-02-6 C3082